边界力培养

让孩子在成长中自信又独立

中国铁道出版社有限公司
CHINA RAILWAY PUBLISHING HOUSE CO., LTD.

图书在版编目(CIP)数据

边界力培养：让孩子在成长中自信又独立 / 王长颖
著. --北京：中国铁道出版社有限公司, 2024.10.
ISBN 978-7-113-31454-5

Ⅰ. C912.11-49
中国国家版本馆 CIP 数据核字第 2024SR8713 号

书　　名：	边界力培养：让孩子在成长中自信又独立
	BIANJIE LI PEIYANG:RANG HAIZI ZAI CHENGZHANG ZHONG ZIXIN YOU DULI
作　　者：	王长颖

责任编辑：	陈晓钟	电话：(010)51873036
封面设计：	宿　萌	
责任校对：	刘　畅	
责任印制：	赵星辰	

出版发行：	中国铁道出版社有限公司（100054，北京市西城区右安门西街 8 号）
印　　刷：	北京联兴盛业印刷股份有限公司
版　　次：	2024 年 10 月第 1 版　2024 年 10 月第 1 次印刷
开　　本：	880 mm×1 230 mm　1/32　印张：7　字数：180 千
书　　号：	ISBN 978-7-113-31454-5
定　　价：	68.00 元

版权所有　侵权必究

凡购买铁道版图书，如有印制质量问题，请与本社读者服务部联系调换。电话:(010)51873174
打击盗版举报电话:(010)63549461

前　言

周国平先生曾说:"分寸感是成熟的爱的标志,它懂得遵守人与人之间必要的距离,这个距离意味着对于对方作为独立人格的尊重,包括尊重对方独处的权利。"这里的"分寸感"就是这本书我们要谈的"边界感"。

在接触"边界感"这个词之后,我发现,似乎生活中的不少事情都可以用边界理论来解释,边界感恰恰也是我们很多人缺乏的意识和感受。如果建立起很强的边界感,你会发觉生活清爽干净了许多,快乐和幸福感迎面而来,无论是夫妻关系、亲子关系,还是同事朋友关系,都会更加顺畅和谐。

如果每个孩子都在自己的边界内,做着自己热爱的事情,追寻自己天然想去追寻的目标,尊重自己的感受,尊重自己的天赋资质,而不受干扰,那么他们会成长得更快乐,更加具有生命力,人生也会更有意义。

电视剧《陪你一起长大》里有一个片段。

青年工程师奚彬和六岁的儿子奚望在小区里捡到一只小狗,他们未经妈妈苏醒的同意便将狗狗带回家里。因为工作不顺和儿子的学习问题,焦头烂额的苏醒并未接纳这位突然到来的家庭成员。翌日,在未告知丈夫和儿子的情况下,苏醒私自将这只把家里弄得乱七八糟的狗狗送去了宠物医院。

奚望回来发现狗狗不见了,绝望地哭喊起来。他趁父母不注意,离家出走去找狗狗了。奚彬和苏醒发现儿子不见了,急忙出去寻找。孩子跑到了小区商店,被售货员沈晓燕发现,打电话通知了苏醒。随后,他们找到了孩子,孩子抱住奚彬哭着喊着"妈妈把乖乖丢了……乖乖回不来了……它回不到我们家了……",一旁的苏醒这时才觉察到自己的所作所为给孩子带来了很大的伤害。

奚彬和孩子私自带狗狗回家,没有和同样作为家庭成员的苏醒商量,这是一种没有边界感的行为,而苏醒固执地送走狗狗,从某种程度上说也是一种越界的不理智行为。

在现实生活中,有多少这样真实的案例,正在阅读本书的您,是否也有过这样的行为呢?有些父母因为别人家的小孩非常喜欢自己家孩子书柜里的一本童话书,就把书送出去了,没有问及孩子的意见；有些父母怕孩子耽误学习，就强行打断正在专心致志玩乐高的他或者正沉浸在美妙钢琴曲中的她；有些父母觉得这个专业比另外一个专业更容易找工作，就强行给孩子填报志愿……

是啊，身为父母，有种天然的责任感，总是担心会发生各种对孩子不利的事情，于是焦虑、紧张、担忧、恐慌等各种情绪涌上心头，像一团黑雾一样笼罩着自己和孩子，让你沉浸在情绪中，越发看不清现实和幻想的边界，也迷失了前进的方向。

在毫无边界感的原生家庭里，孩子自然不知边界为何物。他如果在原生家庭里频繁受到侵犯，长大后就可能在社会上受到别人的侵犯，或者去侵犯他人。

我出生在一个相互之间捆绑甚深、毫无边界感可言的传统大家庭里，所以我的边界感起初也是模糊的。几次面对别人的侵犯，我能感受到伤害，伴随有情绪的波动，却不知如何表达拒绝和愤怒，也担心表达出来之后会被他人指摘、厌恶和抛弃。

读研之后，我开始接触心理学，它引导着我开始向内探索，从心理创伤反观我的原生家庭，由于大家族下面的各个小家庭之间互相捆绑，没有边界，所以创伤的源头不单指向原生家庭，还指向其他对我人生指手画脚过，而父母没有及时制止的人身上。

通过不断的觉察和反思，我渐渐发现，光有边界意识是不够的，还需要有深层的心理能源，在我们应该奋起抵抗和保护自己边界的时候，它可以给予我们源源不断的力量。如果心理能源非常匮乏，当侵害发生时，孩子就会害怕、退却、讨好，没有力量支撑自己坚定地守护边界，没有办法平衡受到伤害的情绪，从而不断地被别人入侵和发生情绪反刍。如果心理能源充盈且强大，那么维护边界就不会那么难。

基于以上思路，我把本书分为六个部分，第一章为"知分寸，懂进退，培养儿童边界感势在必行"，讲述何为边界感，以及树立儿童边界意识的重要性；第二章为"心理能源之树及其培育"，讲述如何帮助孩子从小培育繁茂强大的"心理能源之树"，以此作为抵挡外界侵犯、保护自身边界的能量和底气；第三章至第六章讲述如何培养孩子建立心理边界、物理边界和其他边界意识，阐述孩子在生活中可能会遇到的边界问题，以及如何维护边界。

书中列举了大量真实案例，为了保护隐私，皆用化名。希望通过这些真实案例引发诸君思考，邀请您和我一起对问题进行探讨。我们的目的只有一个，就是培养孩子拥有强大的心理能源，形成良好的个人边界，教会孩子与人相处的分寸，进而减少成长过程中的外在冲突和内心世界的冲突，保持心理平衡，懂得在他人侵犯自己时守护自己的边界,减少伤害的发生,在此基础上帮助孩子逐渐成长为自由坦荡的自我。

本书对可能在养育中出现的边界问题和已经出现的边界问题做了深层次剖析,不但帮您揭开问题背后的原因,还给出了预防策略和解决方法,力求做到针对性和实用性兼具。本书适合正在养育孩子的父母以及准备要宝宝的准父母阅读,同时,成年人也可以在本书中找到自己边界问题的影子,从而更好地进行自我觉察和成长。

捷克伟大的教育家夸美纽斯说:"儿童比黄金更为珍贵,但是比玻璃还要脆弱。它是易于被震荡和受伤的,成为不可补偿的损失。"所以,不要等到孩子长大了,在现实世界的碰撞中遍体鳞伤了,才发现边界感的可贵,而是要抓住现在,把握孩子成长的黄金期,把边界意识和稳固的心理能源驻扎在孩子的思维意识里。

我相信,如果每一个孩子从小就树立起了边界意识,并且拥有稳定强大的心理能源,他们的人际相处就会更加清爽愉悦,亲密关系也会更加和谐温馨。有了边界感,幸福感就会得到提升,伴随着幸福感的提升,人们便可以把更多的时间和精力放在自我成长和自我实现上。当然,我们不可能让所有人都变得有边界感,但如果正在阅读本书的您,因为书中的某些观点而产生了些许变化,它让您的某些困惑得到了解决,您再去影响您的孩子、家人、朋友,您的孩子也会影响其他的孩子,甚至是他的下一代,那么,这样积极的影响就会聚少成多,整个社会也会更加和谐。

目 录

第一章 知分寸,懂进退,培养儿童边界感势在必行 …… 001

 第一节 何谓边界感 …… 003

 第二节 缺乏边界感的表现和危害 …… 006

 第三节 维护边界的能量源泉:心理能源之树 …… 011

第二章 心理能源之树及其培育 …… 015

 第一节 安全感 …… 017

 第二节 掌控感 …… 046

 第三节 价值感 …… 052

 第四节 平衡感 …… 066

第三章 心理边界(一)——教孩子学会弥补心里的那个洞 …… 079

 第一节 掌控情绪边界 …… 080

第二节　当孩子被嘲笑 ………………………………… 090

第三节　当孩子被拒绝 ………………………………… 095

第四节　当孩子被孤立 ………………………………… 099

第五节　孩子，你不需要讨好任何人 ………………… 102

第六节　未经允许的帮助可能是一种边界侵犯 ……… 108

第七节　时光沙漏不等人 ……………………………… 114

第四章　心理边界（二）——分清你和我，从黏连的关系中走出 …………………………………………… 119

第一节　把孩子推到前面，帮孩子筑牢责任边界 …… 120

第二节　守护别人的秘密 ……………………………… 129

第三节　朋友之间相处的界限 ………………………… 132

第四节　把控好语言边界，避免孩子陷入语言陷阱 … 136

第五节　你认为的好，孩子一定觉得好吗 …………… 142

第六节　环境中的不良因子对孩子成长的影响 ……… 146

第七节　摒弃"唯分数论"，帮孩子认识自我，筑牢

自我边界 ……………………………………… 149

第八节　你的期望是你的需求，不是孩子的使命 …… 152

第五章　物理边界——我的地盘我做主 ………………… 163

第一节　孩子的物品，父母可以做主吗 ……………… 164

第二节　私密的日记本 ………………………………… 171

第三节　一个独立空间对于孩子的意义 …………… 175

第四节　孩子的钱,该由孩子自己支配 …………… 178

第六章　其他边界——这些边界也不可忽视 …………… 187

第一节　建立身体边界 …………………………… 188

第二节　孩子"早恋"了,怎么办 …………………… 195

第三节　孩子这么"臭美",会影响学习吗 ………… 202

第四节　校园欺凌 ………………………………… 205

第五节　公共场所里的边界感 …………………… 210

第一章

知分寸,懂进退,培养儿童边界感势在必行

欣欣学习成绩一直很优秀,父母以她能考上重点大学为目标,从小学开始就各种补课,周末无休;到了高中,每天晚上几乎没有早于12点入睡的情况。欣欣父母不允许她和朋友出去玩,手机每周只允许看半个小时,就这样一直坚持到高三。只要成绩稍微下降,父母就会愁容满面、抱怨不止。她逃避社交,逃避与父母交流,每次见到她,都是一副呆滞毫无生气的样子。在高三那年,她突然开始厌烦上学,老师布置的作业完不成,成绩直线下降,父母带着她去医院一查,欣欣被诊断为焦虑症。

阿琴家里非常讲究"家教",阿琴从小被要求在长辈面前不能笑得太大声,因为那样会显得没有礼貌,也不能愁眉苦脸,有点不高兴了就会被说"哭丧脸"。如果和亲戚家的小孩玩得太开心,就会被呵斥或拉走;如果别的小孩想要她的玩具,就一定要让给别人;感到委屈想哭的时候,爸爸通常都会严厉地呵斥"你再哭试试"。这种成长环境使得阿琴在学校受到欺凌时不仅不

敢跟家里人说，还认为被欺凌是自己的错。她越来越不知道开心的滋味是什么，越来越觉得活着没意思，似乎自己的心是空的。

你是否为欣欣而惋惜，高考在即，她终究支撑不住了；从小被教育要有家教、有礼貌，不许大声哭和大声笑，别人要玩具就要主动给，这些在生活中常见的小事，和校园欺凌又有什么关系呢？

以上情况其实都与父母在养育孩子的过程中缺乏边界感有关。

第一节　何谓边界感

"边界"就是一条界限。国家有边界,边界内属于本国领土,边界外是别国领土。各个国家之间可以友好交流,但不得未经允许踏入别国领土,一旦侵犯,就可能引发战争。

人也是有边界的,每个人的外貌、思维方式、性格特征、兴趣爱好、家庭组成等都不一样,所以人和人之间才有差异性。我们都在自己的边界内保持相对独立性,行使所有权,享受生命的韵律,而不受他人的控制、干扰和侵犯。

知道了何谓"边界",我们再来说一说"边界感"。

澳大利亚心理学家乔治·戴德说:"所谓自我边界,就是你的事归你,我的事归我。"所以,边界感就是分清楚什么是你的,什么是别人的。属于你的,要坚决捍卫;属于别人的,不要轻易触碰。

被别人侵犯了边界会产生什么样的感受?

如果有人踏入"我方"边界，除非自己心甘情愿，否则就会产生不舒服的感受，这种不舒服的感受可能是厌烦、压迫、不满、愤怒、羞辱、伤心等。

"边界残缺"或者"毫无边界感"是什么样子的呢？

用"围墙"来打个比方，每个人都有一个栖息之地，每块栖息地四周都有围墙守护，这个围墙就是边界。

如果有人想进去，就要先敲门，征得主人同意后方能进入。

如果栖息地边界残缺，就相当于某一堵墙有了漏洞，这时主人在里面就会感觉不安全和不舒服，因为通过那个漏洞，别人可以窥探到他的隐私，伸手去干扰他的生活，甚至有人会想办法钻过漏洞去侵犯他。虽然残缺的墙体仍会起到一定的阻碍危险的作用，但这个漏洞却会给他的生活带来很多麻烦。

更糟糕的是，如果一个人完全没有边界，就相当于他四周没有任何墙体的遮挡和保护，那么就意味着别人根本不需要经过他的同意，就可以对他的生活指指点点，随便进出他的领地空间，占据他的物品，甚至对他的身体和心理造成侵犯。

别人之所以能对个体进行入侵，是因为个体缺少围墙或者围墙不够完整和牢固。而那些围墙牢固的人，想要入侵他们是非常困难的。

作为家长，我们不要做破坏孩子边界感建立的人，而要做帮助孩子筑好自己围墙的得力助手。

为了方便区分,这里把个人边界分为心理边界、物理边界和其他边界。

心理边界就是一个人内在主观世界的边界,是看不见、摸不着的,比如时间边界、情绪边界、人际边界、责任边界、思想边界等。

物理边界是指客观存在的看得见、摸得到的,处于身外但属于你的空间和物品,比如你的房间、金钱、书桌上的文件、水杯等。

除了心理边界和物理边界之外,在陪伴孩子成长过程中,还有一些其他边界需要我们重视,比如身体边界、恋爱边界、形象管理边界、公共秩序边界等。

根据这个分类,我们可以更加清晰、条理地探讨如何帮助孩子建立不同维度的边界感。

第二节　缺乏边界感的表现和危害

边界感强的人有哪些表现？

- 自信从容、独立自主

- 懂得尊重自己和他人的人格、需求

- 目标清晰，对人生有掌控感

- 不讨好他人

- 不担心被拒绝，也不害怕拒绝别人

- 不主动插手别人的事情

- 不会未得到应允，随意进入他人的私人空间、挪用他人的物品

- 不会在背后无事生非、造谣传谣

- 不会因为别人的误解、贬低、侮辱就动摇自己的价值感

- 当遇到侵犯行为时，懂得维护自己的权益

这样的人，他们对自己有非常清晰的认识，不会因为别人的

主观态度而轻易改变自己的情绪、意志、选择,为人清爽,懂得在尊重别人的情况下适当拒绝,知道维护自己的感受和权益,不侵犯别人,也不委屈自己。另外,他们也不会因为别人的职位、才华、财富比自己高就觉得低人一等,不会因为自己成绩突出就自我意识过剩,因为他们内在的安全感和价值感非常完善,对自己有一个明确的评价体系,清晰地知道自己的人生期待,并为之努力,他们可以灵活地掌控自己的人生。

边界感残缺或没有边界感的人会表现出两种状态:无视别人的边界和不懂得维护自身边界。

"无视别人的边界"有如下表现:

- 强势地对待别人
- 过于以自我为中心
- 缺乏同理心
- 控制欲强
- 随意进入他人的私人空间
- 别人的东西未经允许就随意挪用
- 霸道地占用别人的资源
- 随意插手别人的事情
- 不把别人的时间当回事,习惯性迟到和占用别人的时间
- 心情不好就拿别人出气,随意发泄自己的情绪

- 好为人师
- 蛮横霸道
- 道德绑架
- 欺凌他人

这样的人因为没有边界意识,导致自己和周围黏连不清,他们过于以自我为中心,无视他人感受,觉得周围的一切都应该听他的,随他摆布。如果别人不答应他的要求,他就会生气,霸道地占用别人的资源,甚至发生欺凌行为等。

比如:

A 未经同意就拿了同学的资料,当同学要回时,他却说:"凭什么,我还想看呢!"

B 因为喜欢一个女生,就跟踪尾随,知道了女生家住址后便经常去她家附近进行骚扰。

C 对 D 说:"你必须什么都听我的,唯我是从,不然就打你。"

"不懂得维护自身边界"有如下表现:

- 不自信
- 没有主见
- 习惯讨好他人
- 习惯性在自己身上纠错、归责
- 过度寻求他人认同和肯定

- 不会表达情绪
- 无法尊重自己的需求和感受
- 不配得感
- 容易被别人的评价所影响
- 容易受别人情绪的影响
- 别人拿了自己的东西不知道要回
- 别人占用了自己的时间和资源不懂得拒绝
- 容易沦为被欺凌的对象

这样的人,由于从小被剥夺太多心理能源,导致他可能会形成一种消极的自我认知,不敢面对自己的正常需求,甚至不敢有需求,不敢表达自我,有深深的不配得感。他们的内在通常会有很多情绪的积压,容易因为自我过度压抑而患上抑郁症、焦虑症等疾病。同样,也因为他们缺乏边界意识,当发生侵犯行为时,比如校园欺凌、性侵犯,他们可能都意识不到这是一种侵犯,更不要说反抗和保护自己了。

比如E受到了孤立排挤,总是说:"都是我的错,活该被欺负。"

再回到本章开头案例。

欣欣的父母因为没有边界感,把自己希望欣欣上重点大学的高期待强加在了孩子身上,剥夺了她的童年和自主权,操控了她的人生。他们从来没有过问和尊重过欣欣的想法和情绪,导致欣欣的自我被削弱,同时,他们自身情绪非常不稳定,把控不好情绪边界,这一切导致欣欣最终患上了焦虑症。

阿琴的父母非常在意别人的评价,所以他们要求孩子也要有"教养",开心的时候不许大声笑,伤心的时候不许愁眉苦脸,别人想玩阿琴的玩具要第一时间满足人家……阿琴的自我是压抑的,正常的情绪通道被堵塞,长期下来,阿琴就不知道如何表达情绪了。因为她不懂拒绝,不懂得维护自己的边界,在她心中,别人是第一位的,自己一点也不重要,所以在遭遇校园欺凌的时候,她会默不作声,甚至把错误归咎于自身。

一个缺乏边界感的人,成长过程中必定会面临很多痛苦,想要弥补也非常困难,因为边界感不是瞬间缺乏的,早期养育过程中留下的伤痛就像心里的一道疤痕,在成长过程中时不时就会被外界的某些情境触发。

"悔既往之失,亦要防将来之非"。我们不如在早期养育孩子的过程中,有意识地培养他们拥有一个健康的心理状态,帮他们建立起清晰的边界,引导他们以积极的心态和正确的价值观,清晰地规划自己的人生,走出一条充满意义和乐趣的人生路。

第三节　维护边界的能量源泉：心理能源之树

有些孩子明知道别人侵犯了自己的边界，比如别人借了自己的东西不还，随意出入自己的私人空间，在人格上贬低、侮辱自己，甚至在身体上对自己进行侵犯，但当他独自面对这些事情时却很无力，不敢维护自己的边界，也不懂得如何做。甚至有些被打压得没有自我意识、形成讨好型人格的孩子，还把别人的侵犯归咎于自身，进而导致别人更加肆无忌惮。

如何帮助孩子守护自己的边界？为了让孩子有足够的内在力量去抗衡那些侵犯自身边界的行为，我们需要帮他们种一棵强大繁茂的心理能源之树，这棵树可以提供给孩子维护边界的心理能源，包括四种内在感受，分别是安全感、价值感、掌控感和平衡感。

安全感是一种让孩子觉得心里安稳、被支持、被保护的感觉。内心拥有安全感，面对问题和被侵犯时，就不会紧张、局促，就可以勇敢建立自己的边界，在尊重别人的基础上自由自在地做自己。

掌控感是一种体现主观能动性的感觉，它让孩子觉得周围的很多事物自己都能够在边界内进行灵活掌控，在合理范围内，自己可以调动相关资源达到某一目的。自己的身体归自己管理，自己的物品归自己归置，面对边界侵犯，我们更是可以用各种方法掌控局面，或拒绝，或离开，或反击，或是用法律武器维护自己的合法权利。

每个人的存在都是有价值、有意义的，这就是价值感的含义。有足够的、稳定的价值感会让孩子变得自信，不轻易因别人的评判而动摇，贬低、侮辱、抹黑、造谣等一系列对人格边界有攻击性的行为都不会轻易击垮孩子。

平衡感是一种内心保持平稳的心态，如心理治疗师海灵格所说"允许一切如其所是"，允许一切发生，悦纳自己本来的样子，面对现实和理想的落差，可以自我调节，抵抗住压力，不被轻易击垮，可以快速恢复内在平稳的状态。

安全感帮助孩子建立边界。价值感和掌控感帮孩子稳固边界，并且抵御边界侵犯。平衡感可以在孩子的边界发生危险或者危险已经发生的时候帮助孩子稳定情绪，保持理智。这四种内在感受共同构成了稳定的"心理能源之树"，扎根于孩子体内，源源不断地为孩子提供维持自我边界的心理能量。

知分寸,懂进退,培养儿童边界感势在必行　**第一章**

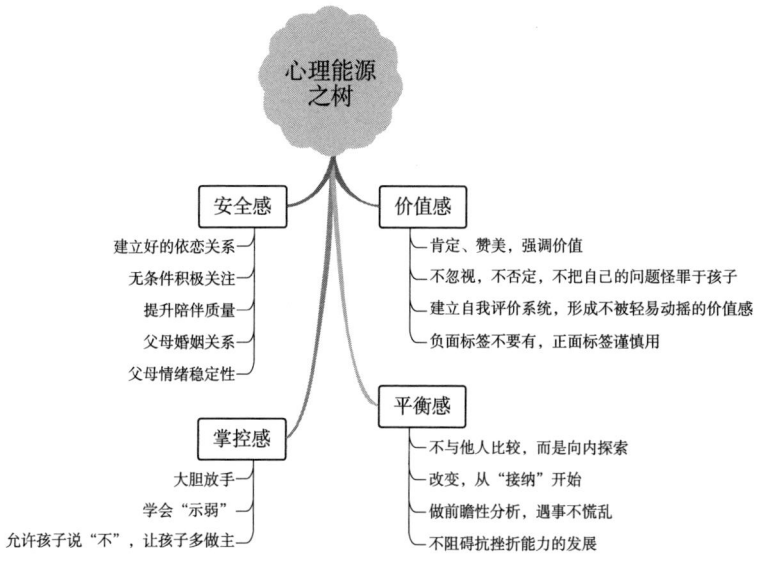

心理能源之树

第二章

心理能源之树及其培育

有一天,班里很多同学的铅笔袋、练习册都被神秘人用红笔画了难看的图案,就在我调查这件事的时候,平时非常懂事听话的男生小智过来哽咽地跟我说:"老师,班长在我的本子上乱画!"

我问:"她要在你的本子上乱画的时候,你有拒绝她吗?"

小智委屈地说:"我不敢。"

小智的家教非常严苛,孩子懂事听话,上课积极,但性格有点软弱。这样特质的孩子,遇到了强势的班长,便不知道怎样拒绝班长的过分要求了,殊不知这其实与他的家庭教育有很大关系。

如果一个家庭,父母实施打压式教育,没有边界感,不允许孩子表达自己的感受,剥夺孩子的话语权,只让孩子顺从、听话,一旦孩子有所不满或者反抗,家长就以吼叫或者体罚等激烈的方式打压孩子,久而久之,孩子就可能变得顺从、听话、敏感、自卑。自己的话语权被收回，他便失去了表达失望、不满、愤怒的武器，甚至连反抗的意识也会消失。这样的孩子很多时候是没有自我的，他们看不到自己的需求，不敢提要求，压抑自己的感受，讨好他人，之所以会有这样的表现，是因为他们的自我在形成的关键期就被打压下去了，更不要说当别人入侵自己边界时，可以正常地表达不满，勇敢地拒绝了。

在学会如何拒绝之前，孩子需要有拒绝的勇气，或者说需要一个稳定强大的心理能源。当内心足够笃定和自信的时候，他才可能把拒绝自然流畅地表达出来。

怎样让孩子拥有强大的心理能源，持续给孩子提供源源不断的心理能量呢？要想拥有强大充沛的心理能源，关键要让孩子充分拥有这四种感受：安全感、价值感、掌控感、平衡感。

第一节　安全感

我和先生都有些社恐，在人际交往中，会感到没有安全感、没有存在感，抗拒与外界有深度链接，由此对我们的发展也产生了一定的阻碍。之所以社恐，在一定程度上其实与我们的原生家庭有关。有了女儿熹熹后，不想让她和我们一样，所以，我们一边觉察一边成长，尽量给予她足够的安全感，希望她可以和这个世界建立美好的深度链接，能够自由、自洽。欣慰的是，现在的熹熹快满一周岁了，情绪非常稳定，不哭不闹，自己可以玩半天。每次我要离开她时，会跟她说明原因，等我再回来的时候，她就会笑着迎接我。在熹熹七八个月大的时候，她出门逢人就"咿咿呀呀"地打招呼，或者先投以笑容，别人看见了给予她回应，她会开心地回以微笑，或者用"婴语"和他人进行互动，我们都笑称她为"小社牛"。目前看来，我们的实践是有效果的。

我曾在网上看过一个视频，这个视频清晰地对比了有安全感的宝宝和没有安全感的宝宝在同样的环境中对待同一个玩具的状态。有安全感的宝宝会专注于摆弄玩具，没有安全感的宝宝不会大胆地拿起玩具进行探索，而是想碰又不敢，眼神飘忽于周遭环境中，好像在防御着什么，这个宝宝的注意力被防御消耗了大半。

如果孩子在成长过程中可以得到父母的关注和陪伴，并且这种关注和陪伴是充足的、投入的、稳定的、积极的，那么孩子的内心就会滋生出充分的安全感和满足感，从而延伸出对周围环境的接纳和信任，在成长过程中他才能够放心、大胆地对周围环境进行探索。而缺乏安全感，孩子就不容易专注于探索之中，他的大部分注意力会用于防御或抵抗周围环境中的不稳定因素。

安全感是什么呢？

人本主义心理学家亚伯拉罕·马斯洛指出，安全感是"一种从恐惧和焦虑中脱离出来的信心、安全和自由的感觉，是满足一个人现在和将来各种需要的感觉"。

试着想象一下，在一个风景惬意、鸟语花香的地方，只有你可以随意进入，它的周围有一条界线，界线上面布满了牢固的安全装备，没有你的允许，任何人都不能够踏入。你会在这个地方建一个安全基地，按照自己想要的样子去装扮它、填满它，你可以把自己喜欢的东西都安置到这里，布局也是你喜欢的样子，周围香气四溢，温度适宜……在这里，你不仅绝对安全，不会有任何人打扰到你,而且感到舒适和放松。这个地方带给你的感觉就是安全感,是一种愉悦安心、自由顺畅的状态。

以下是我总结的具有安全感和缺乏安全感的孩子的主要表现。

具有安全感的孩子的主要表现:

- 遇事果敢、自信、敢于尝试
- 独立、积极
- 表现放松、自然、流畅
- 对外界事物包容度高
- 敢于探索和接触新鲜事物
- 思维具有开放性
- 有较好的识别和调节情绪的能力
- 有同理心,可以顺畅地与他人展开沟通合作
- 可以很好地与他人建立稳定的关系
- 内心感觉是积极、愉悦和被接纳的
- 遇到困难不慌不忙、不焦急,没有过度的担忧和害怕

缺乏安全感的孩子的主要表现:

- 面对事情不专注,总是担心环境的不稳定而处于焦虑中
- 遇事害怕、退缩、畏首畏尾、患得患失
- 缺乏独立性、依赖他人、没有主见

- 不具有开放性、思维闭塞
- 认为自己不被接纳
- 社交恐惧、敏感、不信任甚至敌视他人
- 在亲密关系上不敢或者不会与他人产生情感上的深度链接
- 做事极端、有攻击性
- 易陷入情绪旋涡无法自拔
- 思想消极

安全感不是天生就有的,而是在后天养育过程中生成的。

"新精神分析学派"心理学家埃里克森提出了人格发展阶段论,他指出,年龄在 0~1.5 岁的婴儿期会遭遇发育早期的信任感对不信任感的发展危机,这一阶段的主要任务是让婴儿建立最初的信任感,克服不信任感,我们可以称其为建立安全感的关键期。

在关键期里给予孩子适当的刺激,安全感将会得到良好的发展。

关键期之后就可以对孩子放任不管了吗?当然不是,在儿童的认知发展成熟之前,有很多外界刺激都会破坏掉孩子的安全感,所以,儿童的成长需要我们用心去呵护。

在关键期应该给予怎样的陪伴,才能让孩子具有安全感呢?

儿童早期的亲子关系，是构建安全感的基础。

如何帮助孩子建立安全感？父母可以从"建立好的依恋关系、无条件积极关注、提升陪伴质量、父母婚姻关系、父母情绪稳定性"这几个方面入手。

一、建立好的依恋关系

熹熹在只会爬的时候，我陪她在地垫上玩，她爬出去玩一会儿总会回头看看我，或者爬回来往我的怀里扎，我冲她笑一笑，或者拍拍、抱抱她，她就会很满足，再爬出去玩，如此反复。当确定我不会离开，随时可以迎接她的时候，她自己爬出去玩的时间就越来越长，探索的范围也越来越大。这个时候，母亲的存在对于宝宝来说就像一个提供安全感的基地，当她觉得自己很安全，周围环境很稳定，一直被支持被接纳时，她就会有勇气、没有顾忌地去游戏、去探索、去适应，即便母亲离开，她也不会哭闹，因为她确信，母亲会重新回到自己身边。时间久了，那种安全稳定的感觉就会稳固地扎根在心里，跟随和保护着她的成长。直到现在，每次我要出门，都会先跟熹熹说明，然后就可以放心地走了，再回到家中，熹熹总是以最高兴的状态迎接我。所以，在成长早期与宝宝建立好的依恋关系，可以让安全感在宝宝心里扎根。

好的依恋关系来源于什么呢？

（一）及时回应

当还不会说话的宝宝用叫喊声、哭声表达需求的时候，请及时回应，这样才能让宝宝感觉到自己被时刻关注，感觉到安全和稳定。及时回应既包括语言回应，也包括肢体安抚。

每当处于婴儿期的熹熹有需求的时候，我总是先放下自己的事情，尽量第一时间去满足她，即便有时候不能立刻满足她，我也会在安抚她的时候跟她解释，比如："宝宝在找妈妈啦，妈妈刚才在洗手，需要一点时间，洗完手马上就来抱宝宝啦。"当我抱起她稍微安抚一下后，她的情绪就会马上平稳下来。

然而，市面上也有很多自称科学的方法体系，实则却是在破坏婴幼儿的安全感。我遇到过一家儿童健康管理中心，这家中心倡导"儿童饮食管理体系"，这个体系由时间框架、饮食理念等组成，所谓时间框架就是定时定点对婴儿进行喂养，中途即便婴儿哭了要妈妈的母乳喝，也不能满足，因为会破坏时间框架。可是婴儿哭不就是在表达需求吗？那么弱小的婴儿，把自己全部都依托给养育者，当他在表达需求的时候，没有得到关注和满足，他会有什么样的感觉？这有点类似于"哭声免疫法"，这种方法主要用于应对孩子哭泣不止，具体做法是孩子哭了就放任不管,直到不哭了才会抱抱。这两种做法其实都是一样的性质,它们不顾及孩子的感受和哭声背后的诉求,置孩子于孤立无援的绝望境地,让孩子产生恐慌、担忧及被抛弃之感,这种负面影响可能会延续到成年。

及时回应对于孩子安全感的建立非常重要,当孩子用哭泣等方式表达需求时,请家长多一些耐心,尽量及时回应他们,这对他们的成长很有帮助。

(二)情感互动

同样地,与孩子多进行积极的情感互动,给予愉快的体验,对于安全感的建立也很重要。

曼彻斯特大学心理学教授埃德·特罗尼克带领他的研究小组做了一个"静止脸"实验。让一位妈妈坐在1岁左右大的宝宝对面,起初两人进行着愉快的玩耍互动。接下来,实验者要求妈妈不要对宝宝给予任何反馈,保持面无表情,宝宝发觉了不对,会用各种熟悉的方式引起妈妈的注意,妈妈依然保持面无表情,这时,宝宝开始变得焦虑不安,四处张望,肢体不受控制,直至咧嘴大哭。而后,妈妈恢复正常,和宝宝互动,宝宝的情绪也很快恢复正常。

这个实验说明,处于婴儿期的宝宝已经能够敏感回应大人的情感了,并且对其有强烈渴求。如果遭遇了长期的冷漠对待,没有情感互动,那么婴儿就会恐惧、焦虑、情绪崩溃,对周围的环境没有信心,不知道怎样面对这个不可预料的环境,不知道怎样才能获得关注和爱,长大以后就可能无法专注于探索,而是消耗更多的精力用于应对恐慌,这对安全感的培养是十分不利的。

所以,在孩子有需求的时候及时给予回应,在和孩子的互动过程中给予积极的情感陪伴,让孩子感觉到自己是被稳定爱着的,是安全的,即便外面风雨飘摇、变幻莫测,这里永远有人给自己最温暖的依靠。

二、无条件积极关注

"无条件积极关注"这个概念最早是由人本主义心理学家卡尔·罗杰斯在其心理咨询的原则里面提及的。他说:"我发现我越是能接纳某个人,越是对某个人有好感时,我就越可能与他建立可靠的关系。我所说的'接纳'是指温暖地关注这个人并将他视作'有绝对价值的人',不管他处在什么样的情形下,不管他做出什么样的行为,不管他彼时感受如何。这意味着把他作为一个独立的个体来尊重和喜欢,愿意让他以自己的方式表达自己真实的感受。"

简单来说,"无条件积极关注",或者说"无条件积极接纳",

重点在于"无条件",就是无论个体是什么样子,性格秉性如何,能力高或低,做了什么事情,都会尊重他的独特性,尊重他存在的价值,并不设条件地关注他,接纳他,允许他有自己的想法、感受和情绪,并依据自己的主见做出某种行为。

尤其儿童1.5岁之前,是建立信任感的关键期,此时的他们因为没有力量面对陌生的外界环境和潜在的危险,需要养育者围绕在自己身边给予保护和支持,帮助他们去探索,同时,养育者的无条件关注可以帮助婴幼儿确认自己的存在,从而更好地建立自我。

获得无条件积极关注的孩子,能感受到更多来自父母的认同与支持。他们的需求得到了满足,情绪得到了重视,在包容和接纳的氛围里,他们可以更好地形成自我意识,产生更多的积极情绪,进而敢于挑战和冒险,不断朝着积极的方向成长。

若婴幼儿得不到足够关注和陪伴,那么会导致其内心产生不稳定感,进而表现出对外界的不信任和过多顾忌,最终导致其不敢去外界进行主动探索,久而久之,对其人格、认知能力、心理健康水平、交往能力都会产生阻碍作用和消极影响。

为了更好地实施"无条件积极关注",将其科学应用到家庭养育中去,我把"无条件积极关注"进行了细化,分为"爱,不附加任何条件""把人和行为区分开""积极倾听"几个关键点。

（一）爱，不附加任何条件

所谓"无条件"就是不附加任何要求、期望、价值条件。我爱你、接纳你、关注你，只是因为你的存在，只是因为你是你。每个孩子都具有天生独特的外貌、性格，不管是否符合父母的期待，也无关乎是否比别人优秀，哪怕孩子的想象太天马行空了，或者某些行为有点另类让父母头疼了，这些都不应该成为父母拒绝孩子的理由。

小寒带了同学到家里吃饭，爸爸问这位同学这次考试考了多少分，同学说考了满分。爸爸转头就跟小寒说："看看人家，次次考这么好，你好意思吗？"

例子中的爸爸对小寒就是有条件的接纳，这会让小寒认为"考得好=被爱""考得差=不被爱"，从而滋生出一种低价值感和不配得感，长期下去，孩子会变得自卑和敏感。他会试图通过不断地超越来引起爸爸的关注，在他心里，只有取得好成绩，爸爸才会接纳自己，否则爸爸是不会看到自己的。

这种获得爱的方式像是在交换，让孩子时刻忧心忡忡，下一刻，爸爸是不是又不会爱我，不会在意我了。这样患得患失，是不会有安全感的。

真正的被爱，应该是不附加任何条件的，是全然被接纳的。

孩子只有在父母这里感受到了充足的信任、尊重和接纳,内心才会生长出好的自我、自信的自我、稳定的自我,从而滋养出内心的安全之树。

(二)把人和行为区分开

在"无条件积极关注"的过程中,不要以好或坏、对或错给对方戴上评判的枷锁。

也许有人会问:"如果孩子做了错事,也要接纳吗?"这里我们要区分的是,无条件接纳的主体是这个人,而不是孩子做出的行为,所以我们要把人和行为区分开。当孩子做一件事情的时候,我们应该去评价这个行为,避免以偏概全地评价整个人,对于行为的评价也要从其产生的意义方面来进行评价。

比如三岁的孩子抢了别人的积木,这个行为是不妥的。我们要先看到他行为背后的需要,就是他想要玩积木,他想把这个积木占为己有,以显示自己对这样东西的物品所有权。但是他不知道得到积木的正确做法是什么,也不了解社交的各种规则,他们还不能对自己的行为进行恰当与否的评判,只能通过最原始的"抢"来达到目的。

有人说:"抢东西是不道德的。""道德"是什么?它是一套具有约束力的准则或者规范,既然是准则或者规范,就需要后天去学习。一个连"我是谁"都还没弄清楚的孩子，如何能理解成人世界的规范？抢东西这件事是不道德的，但是引发这件事的主体不是一个理解道德和法律，并且有自我约束力的成年人，而是一个正在学习如何建立自我、如何适应社会规范的孩子。

有的家长会说："他还是个孩子，不要小题大做。"这其实是父母为自己没有尽到监督和教育责任而找的借口，是一种对他人边界的侵犯。

我们应该履行家长的职责，帮助孩子树立物权边界，告诉他这个东西是别人的，不是他的，然后对不正确的行为加以纠正，告诉他正确的做法是什么就可以了。家长也可以在家里通过角色扮演，帮助孩子理解拿别人的东西要经过别人的同意，别人拿自己的东西，也要经过自己的同意。如果别人未经允许就拿了自己的东西，那么可以义正辞严地要回来。但是在纠正的时候，不要给孩子贴标签，比如"你这样做太自私了，就想着自己玩""你这个孩子怎么这样，还学会抢了"等，"自私"这样的评价由一个行为上升到了人格，以偏概全，给孩子贴上了负面标签，对孩子的成长非常不利。这种评价下，孩子非但没有得到父母的理解和支持，反而被最信任的人打击指责，他内心的安全感可能就会被破坏。而这个负面标签则可能会给孩子造成一种负面的心理暗示，让他的行为朝着所贴标签的方向发展，最终可能演变为真的自私。

(三)学会倾听。

"倾听"貌似很简单,但是很多父母都做错了。比如:

孩子说"我不喜欢爸爸了",还没等他表达完,你就说:"爸爸都是为你好,你要什么给你买什么,怎么能不喜欢爸爸呢?"这种急切的打断,完全忽略了孩子真正的需求,最后孩子沉默不语,有心事也不跟你说了。

当孩子要和你聊聊她今天经历的事情时,你边看手机边听,然后抬头一脸茫然地问:"你刚才说什么?"孩子兴趣索然,以生气结束这次交流。

如果做不到有效倾听,就无法做到有效沟通,倾听是打开沟通的大门,也是接纳孩子情绪的通道。在倾听的时候,要做到下面三点:

一是放下手中的事,全身心投入到倾听当中。

在孩子表达自己的想法时,你要让他感受到你对他的关注和重视。如果你现在实在抽不开身,没有时间,那么就坦诚地跟他说:"妈妈现在有点忙,等一会儿忙完再听你说,好吗?"

二是倾听过程中不要打断,不要评判,不着急给意见,允许他有各种要求、各种各样的想法和感受。

打断是不尊重的体现。着急评判和给意见会让孩子觉得你只关注对和错,关注事件,关注你自己的看法,而没有关注到孩子的心理诉求和感受。强制打断、评判、给意见会让孩子失去继续沟通的欲望。

就像例子中孩子说不喜欢爸爸这件事,妈妈没有听孩子讲完就打断他,否定了孩子此时此刻的感受,自顾自地讲起了大道理。

这样做既没有看见孩子的情绪,也没有了解孩子不喜欢爸爸的原因,实际上等同于没有解决任何问题,孩子也因为没有被尊重和理解,打消了和妈妈沟通的念头。

其实诉说的过程也是发泄情绪、厘清思路的过程,很可能诉说之后孩子就已经知道该怎么做了,心情也会好很多。如果他倾诉完后,还有不解的地方,等他自己提出来,你再给出自己的意见,不要急着表达自己的观点。要让孩子感觉到尊重,感觉到被父母全然接纳着,这样他才有继续沟通的欲望。

三是看见孩子的感受和情绪,适当表达出来。

孩子在倾诉的过程中一定夹杂着各种情绪,接纳情绪很重要,却最容易被忽视。比如:

当孩子委屈哭泣的时候,有的父母会说"哭什么哭,有什么好哭的!""没出息,遇到事就知道哭";

当孩子兴高采烈地跟你报喜,你泼盆冷水,"不要因为一点

成绩就沾沾自喜";

孩子跟你说他在外面被人拒绝了,你说"这点小事还跟我说";

孩子跟你说"我不想上体育课了",你马上说"怎么能不上体育课呢?体育课多好玩啊,能学到很多好玩有趣的运动,对你的身体还有很多好处……"

慢慢地你会发现,孩子有事不想和你说了,平时的对话他也爱答不理,或者一说话就顶撞、赌气,因为他觉得跟你说了你也不会理解他的想法、看见他的情绪,只会否定、打击,或者滔滔不绝地讲一些所谓的大道理。

在倾听的过程中,首先你要站在孩子的角度,看见他的情绪,并适当地表述出来。比如:

孩子因为受委屈哭了,你可以说"碰到这样的事情,你一定觉得很委屈";

孩子跟你报喜,可以捧场地说"这真是一件值得高兴的事情";

孩子跟你说他在外面被人拒绝了,可以说"你被他拒绝了,所以很难过";

孩子跟你说"我不想上体育课了",你可以说"你的神情很沮丧,发生什么了,宝贝?"孩子告诉你"体育老师惩罚我了",你可以站在孩子角度继续沟通,"哦,体育老师惩罚你让你觉得很不高兴"……

你会发现,当你表述出了孩子的感受,并给予支持和陪伴后,他的情绪就会慢慢平复,因为他感受到了被理解,感觉到你和他是在一起,接下来他才能打开话匣子,和你继续沟通如何解决问题。

情绪就像天气一样,从风起云涌、电闪雷鸣,到拨云见日、天朗气清,是个自然产生到消散的过程。情绪没有好坏、对错之分,不同情绪只是个体的不同体验,是再正常不过的。父母看见孩子的情绪对孩子的成长来说至关重要。看见即理解和接纳,父母看见孩子的情绪,他的情绪流通就会变得顺畅,从而内心逐渐平复下来,恢复理智。同时,孩子在这种关注中也会收获安全感。

不要妄图去压制孩子的情绪,否则会让没有流通出来的情绪积压在内心深处,而情绪积压的过程非常消耗心理能量,它会让孩子无心再去做别的事情。这些被积压的情绪是不会自己消散的,积累到一定的量,会以更加激烈的形式进行反噬。

也不要试图去修正和处理孩子的情绪,尊重孩子体验和消化情绪的权利,把情绪交给孩子自己,这是他要面对的课题,他在这个过程中感知情绪的能量,面对情绪的自然来去,体验如何抚平情绪,父母不要越俎代庖。当他向你主动求助的时候,你再介入。充分富足的情绪体验会让孩子拥有更加宽广的心理容量,它让孩子学着调控自己的情绪,更好地和情绪共处,从而更好地保持心理平衡。

诗人纪伯伦的《致孩子》,很好地诠释了无条件积极关注的内涵。

把你的儿女当成有"自身渴望"的孩子,尊重他们的独立个性和需求,把你的爱给予他们,保护他们的边界,保护他们的意愿,而不是突破边界,让他们按照你的意愿而活。

有一天,他们终会离开父母,飞向自己的天空,我们能做的,就是用尽力气拉开那弯弓,助力他们飞得又高又远。

致孩子

[美]纪伯伦

你的儿女,其实不是你的儿女。

他们是生命对于自身渴望而诞生的孩子。

他们借助你来到这个世界,

却非因你而来,

他们在你身旁,

却并不属于你。

你可以给予他们的是你的爱,

却不是你的想法,

因为他们有自己的思想。

你可以庇护的是他们的身体,

却不是他们的灵魂,

因为他们的灵魂属于明天,

属于你做梦也无法到达的明天。

你可以拼尽全力,

变得像他们一样,

却不要让他们变得像你一样,

因为生命不会后退,

也不在过去停留。

你是弓,

儿女是从你那里射出的箭。

弓箭手望着未来之路上的箭靶,

他用尽力气将你拉开,

使他的箭射得又快又远。

怀着快乐的心情,

在弓箭手的手中弯曲吧,

因为他爱一路飞翔的箭,

也爱无比稳定的弓。

三、提升陪伴质量

很多家庭对孩子的陪伴是缺失的,或者虽然有时间陪着孩子,但未进行有效陪伴。比如:

爸爸工作很忙,下了班要出去应酬,鲜少有时间陪伴孩子,一天下来可能连面都见不到;

妈妈陪孩子在公园玩,孩子玩土,妈妈低头刷手机,两个人各干各的;

和孩子一起坐在沙发上,他在看动画片,你在看杂志;

孩子想让你陪他玩游戏,你觉得很麻烦,扔给他一部手机,然后做自己的事情。

以上这些场景,就属于陪伴的缺失或无效陪伴。即便你在孩子身旁,但孩子没有得到你的关注,你们之间也没有进行深层次的互动,这样的陪伴都是无效的。

什么样的陪伴才是有效的呢?试想一下,在你的童年时代,或者现实生活里,有哪些画面是和父母在一起的高光时刻,它们让你感觉到氛围特别温馨,情感是流动的,彼此是存在的,交流是有质量的:

可能是父亲陪你一起放风筝,左手牵着风筝线,右手牵着你;

可能是母亲陪你一起在户外玩泥巴,你俩看见对方脸上的泥巴相视大笑；

可能是你参加跑步比赛，准备起跑时母亲给了你一个肯定的眼神；

可能是一起探索乐高积木拼搭过程中的思维碰撞；

可能是一起参观博物馆，共同追寻古人的足迹……

你看，有效陪伴其实并不难，一个关爱的眼神、一个共同参与的游戏、一次深入的交流都可以称为有效陪伴。

做到有效陪伴需要两个基础要素——能够参与互动、要有情感的流淌。当满足这两个基础要素的时候，这个陪伴就可以说是有效的。如果在我们力所能及的范围内，还能保证提高要素——深层次的交流，就会进一步提升陪伴带来的效果。

(一) 参与互动

如果只是孩子自己在游戏，你并没有给予关注或者参与进去，各干各的，就不存在关系的流动。

如果孩子只是想自己进行游戏和探索，就不要打扰他，给予他专注做事的时间和空间，这是他的边界。如果他向你发出了邀请，而你也非常愿意，就可以开始一段有效的陪伴了。

当然，在陪伴过程中要放下手机，放下手里未完成的事，全身心地与孩子一起互动，让孩子感觉到你对他的关注和重视。

(二)情感流淌

当你全身心陪伴孩子时,这一段时间也是增加你们情感连接的有效时机,语言沟通、肢体接触、眼神交流都会让孩子感觉到你对他的爱。

互动中有情感的流动,能让孩子更加安心地投入到活动中。在这种被爱包围的氛围下,孩子自然地感觉到了安全感,做事情也会更加专注。

比如孩子参加跑步比赛,母亲只是给了一个肯定的眼神、一个加油的动作,孩子就会内心安定、情绪高涨、充满斗志。虽然无言,但在细微的表情和动作里,满满的都是情感的流淌。

(三)深层次的交流

满足以上两个条件,就已经是有效陪伴了,如果还能做到更深层次的交流,就会进一步提高陪伴的质量,让陪伴不仅仅是一次互动,一次增进感情的机会,还是一次教育的机会,一次共同成长的机会,一次对孩子的身心发展产生积极影响的机会。举个例子:

陪孩子去参观博物馆,有的走马观花,看到化石,赞叹一句"好神奇",看到古董花瓶说一句"太漂亮啦",然后拍两张照片留个纪念走人。

这样的陪伴类似于打发时间，除了看到两样从前未见过的东西外，不会产生更深层次的影响。

要想让陪伴变得更有价值，可以这样做：在参观过程中，结合讲解和文字介绍，去了解物种起源、历史变迁、生命奥秘、宇宙星体；和孩子一起探讨历史人物的人生轨迹，还有伟人们的优秀品格，以及他们对社会发展产生的深远影响；和孩子一起观察不同种类蝴蝶的差异，并了解它们的生活习性；和孩子一起探索不同化石的形态、起源、变化过程，感受大自然力量的神奇等，类似这样的亲子之间深入的探索互动都会提高陪伴质量。在互动交流中，不仅增加了孩子的知识储备，激发了他们的学习兴趣，而且为他们输入了正确的价值观，引发了他们深层次的思考，锻炼了观察分析能力和思考能力，总之，对孩子产生了很多积极影响。

当然，要做到深层次的交流，需要父母有一定的能力，要求父母自身可以敏锐地发现问题，然后引导孩子去思考和探索，因此，父母也要跟着孩子一起学习和成长。

四、父母婚姻关系

在一次班会上，我让每个学生说一说希望爸爸妈妈可以答应自己的一件事，并把它们录制了下来，以备下次家长会使用。有个男生低声地说："我希望爸爸妈妈不要再吵架了。"他显得非常失落和无助,这也引起了我的感同身受。

一次聚会,有人对我言语冒犯,当时我非常愤怒和难受,但感觉情绪难以流动疏通,似是堵在了喉咙,不敢开口。事后,越想越难受的自己只能默默流泪。

别人冒犯我,我为什么不敢开口维护自己呢？当我深层次剥开这层外壳,发现里面是一个受伤蜷缩的小女孩儿,她紧紧地抱住自己,蹲在那里,前面是正处在冲突之中、互相攻击的父母,父亲大声指责着母亲和她。这些场景给还是孩子的我造成了一定的心理创伤,恐惧、无助,没有爱的流动,只有冰冷的攻击。

所以我害怕冲突,当别人在用言语冒犯我的时候,那种恐惧感会再度袭来,让我说不出话,不敢反抗。

家庭内产生矛盾冲突很正常。成熟的人不会长时间停留在表面争吵上,而是会在冲突中努力发现对方情绪爆发背后的心理需求和亲密关系之间的嫌隙,进而让冲突变成加深双方互相了解的契机,推动着他们去解决问题。冲突过后,彼此的了解得到了加深,感情也会更加亲密,我们称之为良性争吵。

当孩子明白冲突是让人发现问题的,是可以得到解决的,并且家庭关系不会因此受到影响时,孩子的心理便不会因此受到创伤。当然,一个健康、正常的家庭,是不会频繁出现冲突的。

如果父母的婚姻关系质量高,双方地位平等,面对矛盾可以积极沟通和解决,并且互相理解和包容,那么孩子的心中也会充满爱和稳定感。同时,父母还给孩子做出了好的榜样,让孩子学会了如何面对矛盾,如何解决问题,如何维系亲密关系。

有些人说,不能在孩子面前争吵,会吓到他。我认为适当地让孩子面对家庭中的一些小冲突,也可以锻炼他在冲突中发现问题、解决问题的能力。如果孩子一点冲突都没见过,那么当他以后独自走向社会、走进亲密关系遇到矛盾冲突时,便可能不知道如何良性解决它。

和良性争吵不同的是,若父母之间频繁发生冲突,或猜忌,或指责,或埋怨,习惯用冷战、语言暴力、肢体暴力等方式处理矛盾,即以双方的认知水平和能力无法理智、良性地去解决问题,化解自己的情绪,那么家庭战争就会越来越激烈。

一个家庭若家庭矛盾频发,会让孩子感觉他赖以生存的家动荡不安了,由此产生强烈的不安情绪,包括威胁感和不信任感等,而这样的父母基本也不会有多余的爱和精力去教导和陪伴孩子了。这种环境最终将导致孩子的人格和心理健康出现问题,使他们成年后也可能较难信任和形成一段和谐的亲密关系。

如果父母产生冲突的原因是教育问题,那么孩子可能会把父母冲突的原因归咎于自己,进而产生内疚情绪或进行自我攻击。

在婚姻关系不和谐的家庭里,双方地位不平等,长期生活在这种紧张的家庭氛围下,一部分孩子会越来越害怕,回避冲突,安全感的破坏让他变得敏感、紧张、焦虑、懦弱、自闭、社恐。

高中男孩小洲,他从小时候起见人就不说话,总是躲在妈妈身后,妈妈硬把他推出来打个招呼,他会非常局促不安,眼睛不敢看对方,硬着头皮打完招呼后马上又低头躲到后面去。他几乎没有朋友,上课不会主动回答问题,和父母也不沟通。因为自从他出生起,父母就经常发生冲突,各种语言暴力、肢体暴力掺和着……

还有一部分孩子会变得偏激、易怒,从父母身上学会了用指责、吵架、打人的方式去对待自己不满的人。

父母婚姻关系的质量对孩子安全感的形成以及处理问题的方式有直接影响。

父母需要反思,目前的婚姻对自己、对孩子分别产生了什么样的影响呢?好好经营婚姻很重要,好的婚姻既能给自己一个身心安稳的栖息地,也能给孩子一个温暖的爱的基地。当然,如果婚姻问题不能得到双方的良性解决,就需要第三方介入了。第三方可以是亲人、朋友,也可以是专业人士。

五、父母情绪稳定性

在成长发育的早期,孩子是完全信任和依赖父母的,他们如何看待、感知这个世界,很大程度取决于父母在面对问题、处理问题时的情绪态度。如果父母遇事总是焦虑不安,那么孩子的心态也会受到影响。

有一天,我和朋友闲聊,她说自己四岁大的女儿突然说不想长大,就想待在妈妈身边。她回想起自己在初中的时候也跟妈妈说过同样的话,随即便挨了一顿训,她妈妈说:"你还不想长大,你想累死我呀,你想一直这样让我供你吃,供你穿,你真是想累死我!"

我打趣地说:"没有情趣的妈妈。"

她说:"真的,我妈可能年轻的时候生活压力太大,真的是一点生活情趣都没有,总感觉她不开心,心事重重的,永远是忧虑大于当前的幸福,从来没有享受过当下。我性格的形成,跟我妈有很大的关系。"

朋友的妈妈长期忧虑,导致朋友也用同样的态度去感知这个世界,仿佛生活被各种让人担忧、害怕、紧张的事情充斥着,那根弦一直紧绷着,不能得到放松。所以她经常会感觉坐卧难安、忐忑不宁,这种情绪积累的恶果,终于在一次考试失利后爆发,让她一度陷入抑郁。

澳大利亚心理学家乔治·戴德说:"如果我们用'边界'来区分,我们就能够将客观现实和主观想法区别对待。"从边界的角度来看，朋友的妈妈就是客观现实和主观思想的边界没有分清。当一件事情发生时，她会在头脑里产生各种不利后果的联想，之后并没有止步于此，她继续混淆着这些虚假联想和现实的边界，以为联想的事情一定会发生，甚至笃定它们已经发生了，从而带来了恐惧、焦虑、抑郁等负面情绪。事实上，虽然联想有一定概率会成真，并有一定的警示作用，但大部分并不一定会在现实中发生。

孩子会以父母的反应作为社会参照，帮助自己感知和理解外部世界。父母在面对外界事物、处理问题时表现出来的情绪稳定性会直接影响孩子安全感的建立。

心理学实验"视崖实验"的研究可以证明婴儿会把他人的表情和表情传递出来的情绪信息作为自己行动的参照。研究者把幼儿放在研究装置的"浅滩"一端，母亲站在"悬崖"的另一端，用玩具吸引孩子爬过去。结果发现，看到面露高兴表情的母亲，更多幼儿会爬过"悬崖"；看到面露害怕表情的母亲，几乎没有幼儿爬过"悬崖"。

父母面对问题可以淡定从容、保持平稳的心态，孩子就会觉得外界环境是安全的、稳定的，内心就会生长出安全感，同时他会把父母的处事态度内化，进行模仿，以后遇到问题也会淡定从容地去解决。

与之相反的是情绪不稳定的父母。父母如果遇到事情慌忙急躁，孩子就会觉得这个世界是不安全的。这种状态不利于孩子安全感的建立，它会让孩子以后面对问题时，也变得非常慌张，大脑被情绪占领，无法理智地想办法解决问题。

2022年北京冬季奥运会女子大跳台和女子U型场地技巧冠军获得者谷爱凌，在一次滑雪坡面障碍训练中失误摔倒，造成短暂性失忆，坐在地上想不起来自己为什么会在中国，哭着说自己什么都不记得了。谷爱凌的妈妈在旁边满眼关切和担忧，但依然淡定从容地陪伴和爱抚着谷爱凌。

母亲具备强大的心理，情绪稳定，遇事镇静，给予孩子无条件的积极关注，这会让孩子有非常强的安全感。谷爱凌在母亲的影响下具备了自信乐观、敢于挑战、不惧挫折等很多优秀品质。

父母情绪不稳定不但会影响孩子对外部世界的感知，还会在养育过程中对孩子造成一定的心理创伤，使孩子敏感、多疑、社恐，因为他们要随时准备面对父母的阴晴不定。主要表现为父母在情绪不稳定的状态下迁怒于儿童，把负面情绪发泄到孩子身上，比如孩子吃饭的时候，不小心把饭弄撒，有的父母就会很愤怒，对孩子怒吼、指责，这就是成年人没有把控好自己情绪边界的表现。

人在压力状态下,大脑和肾上腺轴会被激活,释放出一种叫"皮质醇"的荷尔蒙激素,以此来维持正常的生理机能。这种激素能够对压力做出反应,帮助我们度过危机。但如果长期处于一种慢性压力下,比如家庭不和谐,父母长期对孩子进行否定和打击,那么大脑会一直处于压力紧张的状态,肾上腺轴持续处于被激活状态,直接影响到皮质醇的正常节律,从而对认知和行为产生影响。

父母的不良教养方式,让儿童更多地暴露于压力环境中,长期的、慢性的压力环境,会减缓皮质醇节律,使肾上腺分泌的皮质醇处于较高水平,从而对认知行为产生影响,增加儿童问题行为的发生频率。

所以,父母学会觉察、疏通自己的情绪,保持情绪边界,对于儿童的成长来说是很重要的。

第二节 掌控感

著名心理学家乔纳森·布朗认为掌控感是对世界施加影响的感觉，但不一定要在大范围的意义上，而是在日常生活层面。假设一个孩子在用泥巴捏一个东西，挤捏的动作、泥巴在手指间的感觉，以及由此产生的高度的愉悦便会衍生出掌控感。这个感觉不同于认为自己是"捏泥人高手"的感觉。挤捏是过程取向的——是一种创造和操纵过程中的愉悦；评价是结果取向的——是对一个人是否擅长做某事的判断。

由此可见，掌控感是在孩子自主解决问题的过程中产生的，在这个过程中，他充分体会到了自己可以驾驭一些事物的愉悦感，从而衍生出了内心深处那种可以掌控的感觉。

当个体面对不确定性事件或者威胁性事件时没有畏难情绪，相信自己能成功，并且乐于尝试，乐于挑战，可以主动解决问题，这些都是有掌控感的表现；而面对问题时表现出退缩、懈怠、被动，甚至带有恐慌情绪,觉得自己不会成功,就是没有掌控感的体现。更糟糕的是,当一个孩子长期并且频繁体验失败,他可能就会产生一种令人害怕的失控感,进而产生"习得性无助"的心理。

"习得性无助"是美国心理学家马丁·塞利格曼提出的心理学概念,即"个体体验过某种学习之后,在很多方面表现出一些负面低沉的消极状态,主要表现在情感、自我认知和外在行为方面。也就是有机体遭受接连不断的挫折之后,会感到自身对于一切都是无能为力的,最后失去了对生活和学习的信心,产生自暴自弃的心理状态。"

习得性无助具有弥散的特点,当孩子对一件事情产生习得性无助的心理后,他可能会将这种心理迁移到其他事情上。比如孩子在数学上多次遭遇失败,自身压力重重,外界负面评价接连不断,长此以往,孩子在做数学题方面的情感体验就会非常差,动机水平降低,在数学学习方面形成习得性无助的心理,最终导致孩子自暴自弃,觉得自己什么都做不好,其他学科的成绩也一同下降。

帮助孩子充分体验掌控感,我们应该怎么做呢?

一、大胆放手

不要认为孩子是父母的附属品,他的一切你都可以控制。

当孩子在玩乐高时,你告诉他"那样摆是不对的,应该这样摆";

当孩子在思考题时,你告诉他"你太慢了,只要这样想就好了呀";

当孩子想学习滑板时,你告诉他"太危险,不许学"。

当然还有很多诸如此类的例子。

在这些事情中,父母可能会认为自己是正确的,"我给孩子安排的是对他有益的事情,是在帮助他躲避困难和危险"。

殊不知,父母控制孩子的同时也剥夺了孩子试错的机会、专注思考问题的机会、体会乐趣的机会,当然,还有收获掌控感的机会。等到孩子长大了,觉得自己没有主见,无法掌控自己的人生,任人摆布,有的家长又会责怪,"你怎么这么没有主见,这么软弱呢?"看到了吗?其实结果是父母自己造成的。

所以,从养育早期开始,就放手让孩子自己去体验成长吧!让他去主导,去思考,自己动起来,这样孩子才更容易找到掌控感,并内化于心。让他自己去体验,遇到困难自己去摸索,去克服。积木拼错了没关系,可以自己寻求另外一种摆拼方式。反应慢没关系,每个孩子都有自己的节奏。作为父母,我们应该给予孩子独立思考的机会,给孩子充足的思考时间,除非他向你求助了。

只要这一切对于孩子来说没有不可逆的危险，也不会对别人、对环境造成伤害和影响，都可以让他大胆去尝试。

二、学会"示弱"

适当"示弱"，是一个有效把主动权交还给孩子的方法，可以培养孩子的掌控感和责任心。家长适当示弱便会给孩子创造更多参与其中的机会，当孩子担负起一定的主要角色时，他便会更加独立、自主。比如：

当你在厨房做菜时，可以请孩子做一些力所能及的事情，比如"宝贝，妈妈有些忙不过来，你可以帮我把蛋皮剥掉吗？"

当小伙伴来家里玩时，可以说："宝贝，今天有好朋友来家里玩，你可以做个小主人，帮客人把拖鞋拿过来吗？"

不要做大包大揽的家长。你把什么都做好了，孩子可发挥的空间就越来越少了，这样会阻碍孩子自主能力和掌控感的培养。适当示弱，给予孩子更大的发挥空间，把主动权交还给孩子，那么他的自主意识和掌控感也会越来越强。

三、允许孩子说"不"，让孩子多做主

你有没有发现孩子成长到了某个阶段就特别喜欢拒绝别人，喜欢跟你对着干。比如：

到了出去遛弯的时间,要带着孩子出去玩,他会没有理由地说"不要";

早上起床要穿衣服了,孩子推开衣服,说"不穿";

到了吃午饭的时间,你说"宝贝,过来吃饭啦",他沉浸在玩耍的世界里,头也不抬地说"不吃"。

他的这些"不",可能会给父母造成一定的困扰,有些父母会失去耐心,甚至大吼大叫。在父母失去理智之前,我们需要了解这个"不"字背后的原因。

两岁左右是成长过程中的第一个敏感期,这个时候,孩子的自我意识开始萌芽,对周围世界的探索更加主动。有了"自我"的概念之后,孩子就会频繁使用"不"这个字眼去拒绝别人,似乎这样就可以自己做主,去支配周围的一切了,包括父母。

所以两岁左右又被认为是获得自我意识的第一个关键期。

自我意识的安全建立,会让孩子拥有一个独立自主的人格,明白自己想要的是什么,对自己有一个相对清楚的认知,懂得保护自己的边界。

孩子再大一点,可能会提出一些要求,比如"我现在不想和你说话""我不想学习""我不想和你们一起出去玩"等,这些拒绝的背后一定有他自己的需要和情感需求,家长要允许孩子表达拒绝,并且不带情绪地去倾听和沟通,努力找到孩子背后真正的需求。

如果家长一味地打压孩子的想法,强硬地让孩子听自己的话,按自己要求的去做,那么就会破坏孩子内心对于完整自我的建构,进而让孩子产生诸如"我的想法不重要""没有人会听我的想法""听父母的话才是好孩子""我都是错的,别人才是对的"等一系列负面想法和感受。当别人对他的边界进行了侵犯,比如在公园玩耍的时候有人抢了他的玩具,在学校被他人欺负,他可能都不知道如何拒绝和反抗。

在陪伴孩子成长的过程中,孩子的反抗和拒绝在合理的范围内得到允许和认同,他才会觉得"我"是好的,是被认同的,"我"做的事情是被允许和接纳的,独立的人格和坚定的掌控感才能稳固建立起来。这样,到了外面的世界,他才会敢于维护自己,拒绝不合理的要求。

第三节　价值感

价值感就是一个人相信自己拥有对自己、对他人、对社会产生积极作用的能力,相信自己的存在是有意义的。一个缺乏自我价值感的孩子,可能会有下面这些表现:

- 自暴自弃,觉得自己非常糟糕,没有上进的动力
- 习惯性贬低自己,哪怕被别人肯定过能力很强,但依然会自我否认
- 拿自己跟别人比较,觉得自己不如别人
- 找不到生存的意义,甚至轻生
- 做事应付,反正做了也没有任何价值
- 逃避社交,觉得自己低人一等,不受人尊重

而有价值感的孩子则会表现为:

- 乐观自信,觉得自己的存在是有价值的、有意义的
- 乐于探索,觉得这件事是有价值的

- 乐于助人，轻松社交
- 热爱生活，充满正能量，能感受到生活的美好和意义
- 不过分寻求赞美，因为自己知道"我"的存在就是好的

认知尚未发展健全的儿童还没有能力去进行自我评价，他们对自我价值感的评判会依靠父母，并且几乎不会产生怀疑。

要想孩子充满价值感，应该怎么做呢？

一、肯定、赞美、强调价值

在孩子确立自我的时候，需要通过父母的眼睛确定"我"好不好，这个时候，不要吝惜赞美。通过赞美的语言和目光传达出的爱和欣赏，会帮助孩子建立一个"好"的自我，增加其自信心和价值感。

当孩子的行为产生了积极意义，比如通过自己的努力攻克了一道难题，选择把自己的零花钱捐助给流浪动物救助站，帮助同学解决了一个矛盾，这个时候，家长可以不吝惜自己的肯定和赞美，引导孩子体会自己行为带来的价值。

但是，请不要对孩子本身具有的某方面天赋进行过分的、单方面的夸赞，比如"你智商好高啊""你太聪明了""你真是个天才""你天生就是跑步冠军"等。因为天赋不代表一定会成功，它只是先天赐予的众多能力中比较突出的一种，要想成功，还需要很多其他优秀品质的辅助。

如果经常夸赞一个孩子非常聪明,而非他的意志品质和努力上进的态度,这个孩子就会觉得成功是和聪明挂钩的,我聪明,我在这方面有天赋,就可以轻而易举地得到一切,从而变得自视甚高、心浮气躁,越来越不懂得努力和坚持,久而久之,这些意志品质就会退化,仅剩下一个非常自恋且脆弱的自我。如果遇到一道难度大的题做不出来,他便可能产生挫败感和退缩行为,比如在学校里有的学生故意答不完卷子,因为他不敢面对自我意识中"考不好就等同于自己很笨"的结果,于是索性放弃,这样,考不好就不是因为自己不够聪明了。

接下来,我们说说如何称赞更有效果,更能让孩子感受到价值感:

- 对具体的行为、事实,良好的道德品质、性格品质、态度进行夸赞,而不是笼统地称赞
- 注重结果产生的价值
- 源自内心的真实情感流露
- 该称赞时就称赞

"你太棒了""你好厉害呀"等这些都属于笼统地称赞,孩子听的次数多了,他会辨别出这些称赞并没有实质内容,甚至觉得是敷衍,进而生厌,造成无效夸赞。

有效夸赞并不难,比如孩子用三种方法解出了一道数学题,

可以夸赞他："你能找出这么多方法解这道题,说明你对这个知识点理解得非常透彻,而且可以灵活找到不同的切入点,真是个爱思考的孩子!"这句话中对孩子"找到不同方法解题"的具体行为和"爱思考"的学习态度进行了夸赞,旨在肯定他的这种行为和态度,并提升他对数学的自信。

孩子捡到了门卫爷爷丢的手机并且主动归还,可以说:"爷爷找不到手机一定非常着急,你捡到了手机并主动还了回去,帮助爷爷解决了一个大麻烦!你做到了拾金不昧,真棒!"这句话里,"捡到手机并主动归还"是具体行为,"拾金不昧"是好的道德品质,"帮助爷爷解决了一个大麻烦"突出了孩子的行为对别人产生的价值,同时也增加了孩子的价值感。这句话还有一个附加功能,"爷爷找不到手机一定非常着急"帮助孩子建立换位思考的意识,培养了孩子的同理心。

孩子主动帮助做家务,可以说:"宝贝可以主动做家务了,让我们的家更加整洁温馨了!赞一个!"这句话里"主动做家务"是具体行为事实,"家里更加整洁温馨了"肯定了他这么做的价值。不要说"宝贝可以帮妈妈做家务,体谅妈妈的不容易了",因为做家务是每一位家庭成员的责任,不是妈妈一个人的责任,在孩子力所能及的情况下,鼓励他加入家务劳动,这样不但提高了他的自理能力,还能让他承担起自己的一份责任。

只要抓住时机,我们便可以对孩子进行有效夸赞,也不要认为在亲戚朋友、老师、陌生人面前就不好意思肯定孩子,你完全可以大胆展示对孩子的赞美,让孩子在外面也有一种自豪感。

二、不忽视,不否定,不把自己的问题怪罪于孩子

看看你的家庭有没有以下几种情况出现。

(一)冷漠忽视

有的父母鲜少与孩子进行深入交流,各忙各的,孩子内心有什么想法,父母根本不知道。

当孩子想要跟你分享他一天的经历还有心情的时候,你边看手机边不耐烦地说:"去去去,一边儿玩去。"

孩子气愤地跟你说:"××抢了我的玩具。"你说:"没什么啊,回头重给你买一个。"

或者是,父母长期不在家,孩子就像留守儿童,鲜少被关注。

长久生活在这种被忽视的环境中,会让孩子产生什么样的内在语言呢?

"没有人会在意我!"

"没有人喜欢我!"

"我一点也不重要!"

感觉自己一点也不重要,慢慢就会缺失自我价值感,把自己当成一个小透明,这样的孩子不会发表自己的意见,因为感觉没人会在意,而且不懂得与别人进行情感交流,他们会逐渐把自己边缘化,忽略自己的需求。随着孩子年龄的增长,因为没有享受过父母给予的无条件关注,他们可能很难融入亲密关系和正常社交中。

有很多家长说:"孩子有啥话都不跟我说,我说话也不听,好像跟我是仇人一样。"可以反思一下自己,在孩子小的时候,他想要跟你沟通,需要你的时候,你是怎样对待他的?

(二)否定指责

"我刚才怎么告诉你的?不是让你这样拿果汁吗,听不懂啊,像你这样拿能不撒吗?"

"让你好好学习,你不听,你看,考砸了吧!"

"你连人家的十分之一都不如!"

"这点小事都干不了!"

这些否定和指责会让孩子产生什么感觉呢?

"唉,这点小事我都做不好,我一定很差吧。"

"不听父母的话就会出问题。"

"我真没用,是个没有价值的人。"

当这些自我否定的内在语言长期占据孩子内心时,会导致什么后果呢?

没有自信,没有主见;在外面被欺负不敢反抗,甚至把错误归咎于自己,认为一切是自己活该;在外人面前不敢自然地展示自己,不敢发表意见,唯唯诺诺,害怕犯错,抬不起头。

(三)让孩子内疚

"咱们家没钱,爸爸妈妈为了你花了这么多钱,你得争气!"

"我为你放弃了工作,你还不好好学习?"

"要不是为了你,我早就离婚了!"

像这样,父母把自己的不幸转嫁给了孩子,让孩子产生内疚和负罪感。他们以为内疚可以转化为学习的动力,殊不知,这样做即便一时产生了效果,但对孩子的长远发展来说是非常不利的。这样对待孩子会让他产生什么样的内在语言呢?

"让爸爸妈妈的生活如此糟糕,都是我的错。"

"爸爸妈妈的一切苦难都是因为我,我要比他们付出更多才行。"

这样的孩子慢慢会失去体验幸福的能力,他们觉得自己不配快乐,不配成功。同时,在人生路上,他们也可能会忽略自我,一生都在给予,给予父母,给予伴侣,给予孩子,唯独遗忘了自己。

除了上面不良影响外,忽视、指责、让孩子内疚等行为也可能会让孩子为了得到一点点父母的关注和夸奖,而刻意去讨好父母,形成讨好型人格,这在后面章节会重点讲解。

作为家长,我们应该重视孩子的心理需求、情绪体验,在孩子出现问题时积极引导,此外,不要把自己生活的不如意怪罪到孩子身上,也不要把孩子当作情绪的垃圾桶。要知道,成年人的生活过得好与不好,其实都是自己的事情,是受自己主导的,与年幼的孩子无关。

三、建立自我评价系统,形成不被轻易动摇的价值感

"你这样做不对,这样做不够聪明。"

"你长得真丑。"

如果外面有人对孩子进行诸如上面这样的评价,孩子会不会信以为真,导致自己的价值感降低呢?孩子会不会很少进行自我评价,而轻信别人的评价?

因为来自外界的评价会受到评价主体自身思维、性格、经验的限制,所以很多评价是非客观的。这些非客观评价有的会给孩子带来积极影响,有的会带来消极影响。

为了防止孩子被别人的主观评价左右,进而影响对自我的认知和判断,我们可以预先帮助孩子建立一个正向的客观的自我评价系统。

比如在孩子完成一件事的时候,可以问问他:"你觉得自己做得好还是不好?如果不好,哪里还可以进步呢?"

如果别人对孩子进行了评价,可以问一问孩子:"你觉得他说得对吗?如果不对,是哪里有问题呢?"以此引导孩子对自己和别人的行为进行主动思考。

如果孩子的反馈是积极的,比如"我觉得我做得很棒,既帮助了别人,也让自己很开心。"那么就不用干预,只需肯定他。

如果得到的反馈是消极的,比如"我觉得自己真的很丑,没有人喜欢我""老师说我内向,不说话,这样不好"。你可以告诉他:"长相的美和丑是别人的观点,观点都是很主观的,比如你觉得这个玻璃花瓶好看吗?爸爸觉得它很好看,通透简约,符合爸爸的审美,但是妈妈觉得它一般,因为除了一圈金边,没有其他点缀,过于单调。人的外貌也一样,有人觉得你丑,有人觉得你好看,这时你要在心里有个自己的评判。即便你觉得自己长得真的不够漂亮,那又怎样呢?并不妨碍你有很多其他优点,你可以提供给自己和别人很多价值,更重要的是,不管你长得如何,爸爸妈妈都始终爱你,你也要爱你自己!"

而对于"内向"这一评价,你可以这样引导孩子:"首先,老师也是人,他也有犯错的时候,所以我们在接受老师的评价之前也要思考一下,他说的对不对?妈妈告诉你,内向只是你的一个性格特点,没有好与不好之分,内向和外向是一样的,都有优势和劣势,比如内向的人更细心、严谨,内心世界非常丰富,很多领导人都是内向性格哦!"

帮助孩子建立一个客观、自信的自我评价系统,需要给孩子传递客观、豁达的价值观,也需要孩子对自己有一个很好的接纳程度,也就是懂得爱自己。

孩子对自己是否有一个良好的接纳程度,取决于成长过程中是否被亲人给予了无条件的支持和接纳。

建立了客观的自我评价系统,孩子就不会轻易被外界声音所干扰,也不容易因为别人的诋毁而产生消极情绪。因为他们明白,别人的评价大部分是带有主观色彩的,是五花八门的,每个人的对与错、好与坏是不一样的,每个人看待问题的角度都有差异,而自己才是最了解自己的人。

自我价值不会因为别人的评价而降低,也不会因为别人的吹捧就高人一等,清楚地了解自己的位置、自己的能力,以及自己的优缺点,这就是一个非常好的、不会被轻易动摇的自我评价体系。

四、负面标签不要有,正面标签谨慎用

1973年,心理学家罗伯特·克劳特做过这样一个实验,他找到一群人,要求他们对慈善事业做出捐献,对做出捐献的人告知是

"慈善的",对未做出捐献的人告知是"不慈善的",同时,留下一组人没有被下任何结论。一段时间后,再次要求这些人对慈善事业做出捐献。结果发现,被告知是"慈善的"人比没有被下结论的人捐钱要多,被告知是"不慈善的"人比没有被下结论的人捐钱要少。

这就是"标签效应",说的是人一旦被贴上某种标签,就会按照标签内容做出印象管理,使自己的行为与标签内容相一致。

做出"贴标签"行为的主体往往是儿童印象中的"权威",比如父母、老师、长辈等。

正面标签有"神童""好孩子""优等生""天才"等。

负面标签有"邋遢鬼""没出息""一事无成""笨蛋""不合群""性格古怪""问题学生""嘴笨""缺心眼"等。

"贴标签"思维是一种以点概面、以偏概全的惰性思维,它可以让人在短时间内定性另一个人,而不用花费过多的时间、精力去进行全面的、深入的了解和思考。就像一个万花筒,它本是丰富多彩、千变万化的,但懒惰的你只望了一眼便离去了,"哦,原来它是这个样子",甚至不愿意转动一下。所以,"贴标签"可以把复杂的个体简化成一个或为数不多的几个样子,而忽略了多样性,因此,我们也就看不到个体最真实的样子了。

电影《哪吒之魔童降世》里面的主人公小哪吒,就是一个从小被人贴上了"妖怪"标签的孩子,即便他什么都没做,周围的乡亲们一看见他就会惊慌逃窜,还有小孩拿蔬菜打他,一边打一边喊:"滚开,妖怪!"

所以,他就真的变成了别人眼中的妖怪,"既然他们说我是妖怪,我就当妖怪给他们瞧瞧!"于是他开始各种捣乱、捉弄人,给乡亲们带去不少麻烦。

人们只记住了他是"妖怪",所以就用"妖怪"的标准去衡量他的一切,而忽略了他心地善良、勇敢无畏、脆弱敏感的一面。电影中有一句台词"人心中的成见是一座大山,任你怎么努力都休想搬动",听上去既凄凉,又无奈。这个"成见"外化出来,其实就是"贴标签"。

在生活中给孩子贴标签很常见。

因为孩子不跟别人打招呼,就说孩子"窝囊,没出息",导致他真的认为自己"窝囊",从不会打招呼,变成不敢、不想打招呼。

因为一次考试没考好,就说孩子"太笨""不是学习那块料",这个孩子以后也会这么认为自己,别人问:"考得怎么样?"他会说:"我太笨了,学不好。"

因为孩子一次没有收拾房间,就说他"懒惰、邋遢",以后他的房间可能就真的乱七八糟了,事实上,他可能只是当时太忙忘了收拾。

负面标签不可取,一旦被贴上某种负面标签,就会禁锢住个体的发展,产生错误的引导。

尤其是儿童，他们的认知水平较低，对自我的认识很大程度上依赖于成人，成年人说自己是什么样子，他就会认同和内化，觉得自己是什么样子。

被贴上标签的个体，会让别人对他产生先入为主的认识，从而忽略个体的多样性和发展性，产生区别和不公平对待。

所以，在生活中要注意不要给孩子贴负面标签，也不要总从一个角度去评价和看待孩子，而要多花时间了解孩子的性格、需求、能力水平等，以更接近客观事实，并且要用发展的眼光看待他。

负面标签不要有，正面标签可以有吗？比如"好孩子""优等生""全能选手""神童""高智商"等。假如给一个孩子长期贴这种标签，而不提及追寻目标过程中努力上进的态度、坚韧的毅力、策略的应用等因素，这个孩子就会接受这种限定，不去努力，不再专注，因为他不知道成功还需要这些东西，或者觉得自己即便不用努力也可以做得很好。

就像前文所讲，这样的孩子可能最后只能接受夸耀，害怕面对批评和失败，因为一旦失败，就意味着自己不是他人口中的"好孩子""优等生"了。从神坛跌落下来的那种落差感，不是所有孩子都能承受住的，严重的会引发心理疾病，比如抑郁症、焦虑症。

我们可以尝试把"贴标签"换成不带评价的描述，注重过程、注重行为，不要只注重结果，因为结果是不可控的，它会受到很多因素的影响,而孩子的学习过程和行为是他自己可以掌控的。

不带评价的描述更加客观,更加具体和有针对性,孩子也更容易接受。比如:

"你怎么这么拖拉,收拾个书包还磨磨蹭蹭这么久!"这句话中的"拖拉、磨蹭"就是贴标签,可以换成"宝贝,你收拾书包已经用了半个小时,留给上学路上的时间可不多了"。

"就知道玩,从来不想着学习,以后肯定一事无成"里"就知道玩、一事无成"是贴标签,可以换成"宝贝,你已经玩了一个小时了,该学习了"。

"这么难的题你都做出来了,简直是神童啊"里面"神童"是贴标签,可以换成"这道题难度很大,你能做对说明你对相关知识点理解透彻并且灵活运用了解题方法,看来平时没少下功夫,真是个上进的孩子"。

如此这般,不要用一个词、一句话就给孩子贴上某种标签,而是客观描述他的行为和已发生的事实,并给出明确指示,这样孩子就不会有抵触情绪,并且知道自己努力的方向在哪里了。

如果别人给孩子贴标签,父母应该怎么办呢?我们只能控制自己,却控制不了别人,所以为了防止别人给孩子贴标签对孩子造成不好的影响,就要提前预防,帮助孩子建立客观的自我评价系统就是一种很好的方法。

第四节　平衡感

心理平衡，是一种和谐的心理状态。在这种状态下，心理能量自由流淌，情绪积极饱满，整个人呈现出自由、舒适、安稳的状态。平衡感跟认知紧密相关。在人的一生中，总会遇到或大或小的不如意的事情使得心理产生落差，导致心理失衡，而改变认知是把这种失衡状态调整回来，恢复平衡的非常有效的方法。

我把平衡感放在本章最后来说，是因为一旦在生活中遇到了侵犯边界的行为，无论最终保护了自己的边界，还是没有保护好自己的边界，小则会产生一定的情绪波动，大则会造成心理创伤，这时，你的平衡感就被打破了。这个时候，我们需要一种能力，一种可以自我调节心理平衡的能力，把失衡的状态尽可能地扭转回平衡的状态。

作为家长，我们应该从小培养孩子平衡心理的能力，努力让孩子保持积极、健康、顺畅的心理状态。

一、不与他人比较，而是向内探索

有些父母喜欢拿孩子跟别人做比较，参加围棋竞赛看重是否赢得了胜利，成绩要比谁的排名更靠前；考上了大学，要比谁的大学更好；参加了工作，要比谁的工作更体面、更赚钱……

我们可以问问自己，难道孩子学习比不过人家，他就真的一无是处了吗？难道下棋没有拿第一，你就不爱他了吗？

竞争的意义是什么？比如体育竞赛，是为了强身健体、突破极限、互相学习，获得精神上的娱乐享受，促进友谊和共同进步。但现实中很多人都忽略了竞争的意义，只注重输赢。

更不幸的是，这些孩子在被迫的比较中，植入了"一定要超过他们！""他又赢我了，他就是聪明，我就是不行"的意识，这些意识背后，是人格的不平等和社会关系的割裂。这种思维硬生生地把同伴变为了对手，不但扰乱了孩子正常的社交系统，还会让孩子对其他人充满敌意，从而让心理变得扭曲。

生活中有很多喜欢攀比、争强好胜的人，他们的成就感建立在赢别人的基础之上。他们没有自己的生活节奏，就像是寄居蟹，要依附别人才能生存，脱离了别人，自己就难以找到生活的方向和生命的意义。

这是为什么呢？究其根本是因为他们本身就是空虚的，是没有价值感的,他们可能没有得到过无条件的爱,在紧张的家庭教育中,只学会了以"赢"这一方式来获取卑微的关注。

这类人通常有两种表现。

第一种是心有不甘,向内折磨自己。他们极端地追寻世俗的赢和胜利,身边的任何人有超过他的地方,哪怕是自己不熟悉、不擅长的领域,都会令他心有不甘,焦躁难安。

香香说,只要她参加跑步比赛,就不自觉地想要争第一,一旦落后了,就会紧张到想哭,拼命也要追上去。到达终点之后,由于过度紧张,再加上身体临近极限而当场呕吐,所以她非常羡慕那些可以心安理得跑在后面的人。

蔚蔚在初中时一直处于年级前几名,上了高中之后,她的成绩就没有那么突出了,排名的落后让她感到非常焦虑。如果蔚蔚和别人争辩某个问题自己处于下风了,或者被判定输了,她就会频繁地抠手指,晚上失眠,感觉总有一根弦绷着,让她时刻不能放松,不能落于下方。

"赢"这个字似乎成了一种魔咒,为了赢,可以拼尽全身力气,不惜一切代价,却唯独忘了自己的感受和真正想要的东西。

他们为了获得父母或他人的刮目相待,一直生活在别人制定的评价系统里,始终等待着被评判,一旦失败或者被否定,就会感到痛苦和折磨,产生无力感,觉得自己没有价值,严重的甚至会患上心理疾病。

第二种是妒火中烧，向外心生嫉妒。因为别人某方面超越了他，得到了比自己更多的关注，而产生强烈的嫉妒心，总是想要在各方面压制住别人、突出自己。

其实，总拿孩子或者自己和别人进行比较，本身就是荒谬的。要知道每个人的发展都是多维度的，你可能在这个维度比别人强，但在另外一个维度可能就比别人弱了，而且每个人对于成功、快乐、幸福的感知是不一样的。

倾向向外竞争、比较的孩子，他们比较的对象是他人，依赖的标准是他人设定的外部评价体系，目的是追求结果输赢或名利地位。在比较的过程中，他们的注意力往往会被他人分散，进而产生紧张焦虑的情绪。如果赢了，得到了名利地位，可能会狂妄、自大；如果输了，可能会失望、恐慌、愤怒、抑郁，价值观扭曲的孩子还可能会采取不正当手段弥补自己或对抗他人。

倾向向内探索的孩子，他们探索的对象是自我，依赖的标准是自我设定的内部评价体系，更准确地说，他们探索的对象是自我的能力和品质，目的是拓展已有的能力、发展想要但暂无的能力和提升个人品质，努力让自我更加强大，成为更有意义的人。

有一点需要特别说明，有人说："我们不跟别人比，而要跟自己比。今天的自己要把昨天的自己打败，明天的自己要比今天的自己强。"我不赞成这种说法,引导孩子和自己比较、和自己竞争,容易演变成自己和自己较劲,而不是把注意力放在发展自己的能力上面。如果遇到瓶颈,孩子可能会觉得自己什么都干不好,从而变得情绪低落,否定自己,极端了还可能会进行自我攻击。

我们的关注点应该放在自己感兴趣的领域,放在提高自己上面,而不是放在"我一定要比昨天的自己强,我有没有战胜之前那个自己"上面。不要把自己当作竞争的对手、对抗的敌人,而要把自己当作同盟,当作最信赖、最该依靠、最该爱护的人。

所以,我在这里没有用向内"比较"这个词,而是采用了向内"探索",探索就是主动地、多方面地发掘和拓展自己的兴趣、能力、品格,就像在发掘一个宝藏,这个过程伴随着顺畅的能量流动、热情、愉悦的心态和全身心的投入,就算遇到瓶颈,停滞不前了,抑或失败了,那又怎样?心态平衡的孩子依然能坦然接纳目前的状态,接纳暂时的停滞和失败,然后调整方向,继续前进。

总拿自己的孩子跟别人的孩子比较,这样的父母和孩子之间其实是没有界线的共生关系,他们觉得:孩子是我的作品,他优秀就证明我优秀了,他失败了,则证明我失败了,而我不能接受自己失败,所以我要强迫孩子把胜利夺回来。他们看不到孩子本身存在的价值,看不到孩子的真实感受,只是把孩子当作自己想要赢、满足自恋或虚荣的工具。这一点会在第三章"你的期望是你的需求,不是孩子的使命"中讲到。

不去和别人比较的孩子,既不会因为别人比自己强就自卑、自暴自弃,或者因妒生恨,也不会因为别人某方面不如自己就傲睨自若,目空一切。

他们上进的动力源于自己的天赋和热爱,源于获得价值感,源于获得幸福感,源于获得某种意义,这个意义可能是对自己、对他人、对环境、对社会产生的积极影响。当孩子专注于自我,就会不自觉地在这条路上探索和努力。如此这般,才可以在社会竞争中保持良好放松的心态,即便失败也不会因为承担不起后果而产生不良情绪,不会想要通过不正当的方式取得胜利,而是不断充盈自己。

父母从小对我的养育方式属于放养,不做任何要求,也从来没有拿我和别人做过比较,诸如"考试一定要考第一""弹琴比赛好好表现,拿个奖回来""别让其他孩子比下去""人家某方面比你强"此类的话,在我印象中从来没有过。所以我没有一定要和别人争高低、比输赢的心态,成长过程中所得到的成绩皆是由于热爱和附加的意义。

父母的"不做要求""极少干预"反而给了我更多的自主权和发挥空间,所以成年后,我既独立又有主见,知道自己的特长和兴趣点在哪里，也知道所要投身的方向在哪里。

希望我们的孩子都可以把更多的精力专注于自我所好和所求，专注于提高自己某方面的能力，以获取更多的价值感和幸福感，而不要浪费在与自己较劲，与他人相互纠缠、对峙上面。蓄积能量活出自己的价值，这才是最重要的。

二、改变，从"接纳"开始

特别喜欢这句话："允许发生，全然接纳。"很多心理失衡，皆是因为客观现实与主观预期相差过大，混淆现实与想象的边界，企图掌控和改变一切，完美主义，心理容量低，接纳不了负面事件的发生造成的。

"接纳"蕴含了一种巨大的疗愈力量，一旦开始尝试"接纳"，情绪就会立马消散。

所以，改变，从"接纳"开始。

"允许和接纳"就是放下自己头脑中的想象，放下"这个世界应该是如我所想"，而变成"允许和接纳这个世界如其所是"。

"这个世界应该是如我所想"，有这样想法的人一旦发现现实跟头脑中想象的不一样，就会产生失望、伤心、愤怒等悲观情绪。

而"允许和接纳这个世界如其所是"这种思维下，人不会产生落差感，对待现实也会更加理性和客观。

可以说,"接纳"程度越高的人,心理能量越顺畅,越容易保持心理平衡。

他们可以接纳负面情况的降临,冷静面对事实;

他们可以接纳自己负面情绪的产生,不去批判这个情绪的好与坏;

他们可以接纳自己也有做错的时候,不去过度责怪自己。

内心没有过多落差和内耗,自然能顺畅自在。

很多孩子无法接受挫折、失败、落差,或者某件事情的发展不如自己所愿,导致他产生情绪,影响学习和生活。作为父母,我们要帮助孩子认清那些不切实际的想法,戳破幻想中那个充满"粉色泡泡"的世界,引导孩子看清现实,看到人是多样的,有好的一面,也有不好的一面;事物也有各自的发展规律,告诉孩子你能做的就是改变你能改变的,接纳你不能改变的。

当孩子开始尝试面对和接纳,看问题的角度不再单一时,他的心态就会愈加平衡。

德国思想家海灵格有一首诗,叫《允许一切如其所是》,它的开端这样写道:

"我允许任何事情的发生。

我允许,事情是如此的开始,

如此的发展,

如此的结局。

因为我知道,

所有的事情,

都是因缘和合而来,

一切的发生,

都是必然。

若我觉得应该是另外一种可能,

伤害的,只是自己。

我唯一能做的,

就是允许。

我允许别人如他所是。"

允许发生,全然接纳,改变我们能改变的,接纳我们不能改变的,是我们很多人要完成的一个课题。当我们不再去想别人应该怎样,而是放下对别人的期待,接纳他如其所是,专注自我的时候,也就清晰了自己和别人的边界。而这一品质,我们是可以从小就教授给孩子的。

三、做前瞻性分析,遇事不慌乱

作为家长,我们应该帮助孩子分析利弊,预测可能会出现的问题,并和孩子一起积极应对,而不是放大忧虑,阻碍孩子的完整体验。如果孩子想要去做一件事，除非这件事会伤害到自己和他人，否则都可以让孩子去尝试。

因为某方面的担心和忧虑，有些父母会刻意放大不利的情形和后果，不顾客观现实，采取吓唬的方式让孩子待在安全区域，比如：

"你要是去我就不要你了，你自己去吧！"

"那里面特别吓人，有怪物会吃了你的。"

这样做打破了孩子心中的平衡感，让孩子还没尝试就已畏惧不前，不仅不利于孩子创造力的发展和人生经验的整合，还会在吓唬声中让孩子变得胆小怕事、畏畏缩缩，这样的孩子长大后也很难有创新精神和胆魄。

其实我们可以在事情发生之前，就和孩子共同分析过程中可能会遇到的有利的、不利的情形，预测好的和坏的结果，并告诉孩子"不管发生什么，坦然接纳就好，爸爸妈妈会一直在你的身后支持你"。这样做，也是帮助孩子在以后独立做事情的时候学会自己分析利弊，根据现有事实做出合理预测。这样当意外和不好的事情发生时，孩子心中也不容易有太大的波澜，能做到面对现实、坦然接纳，进而在一定程度上维持内心的平衡。

比如滑雪运动，孩子在体验过程中存在一定的危险性，这时我们可以提前帮他做预判，告诉他什么情况下可能会出现什么样的危险,只陈述事实,不夸大后果去吓唬他。这样,孩子心里便会有谱,在运动的过程中会尽量避免这些危险,倘若预想的事情真的发生了,孩子因为已经预知,也不会那么害怕了。

四、不阻碍抗挫折能力的发展

有些孩子的抗挫折能力不强,遇到一点困难就畏缩不前、逃避了事,受到批评或者不公平对待就玻璃心作祟、情绪起伏剧烈,做错了事不敢面对、推卸责任。这些可能都和父母的不当插手和过度保护有关,这样做阻碍了孩子抗挫折能力的自然发展,进而导致孩子遇到问题心理失衡。

学会不插手,让孩子充分体验从困难中站起来的过程。比如孩子摔倒了,马上心疼地跑过去把孩子抱起来,"宝贝,没事吧,怎么这么不小心啊,摔坏了怎么办",这样做不仅孩子不能完整地体验摔倒再爬起来的过程,而且父母还把问题扩大化,把焦虑传递给了孩子,让孩子越发娇气,以后遇到事情总是等着别人去帮扶,这其实也是侵犯了孩子解决自己问题的边界。其实如果摔得并不严重,就让孩子自己尝试站起来;如果孩子有情绪,妈妈可以在旁边平稳地安慰和陪伴。妈妈的情绪平稳,孩子也就不会有过多的恐惧。

养育者在家庭教育中总是中断孩子遭遇"苦难"、解决问题的过程,长此以往,孩子便会受不了挫折,发展不出独自解决问题、面对困难的能力。他们在遇到问题时第一时间通常会等别人来帮忙,如果解决不好,心理便很容易失衡。

有家长问,需不需要给孩子设置一些困难,让他去克服。我的回答是"不建议",难道成长路上他的困难还不够多吗?我们只要引导孩子努力去克服生活中自然遇到的困难,孩子就可以学到很多东西,无须再额外给孩子设置困难和阻碍。

(一)棘手问题,分步解决

有一些非常棘手的问题,孩子一时乱了思绪,不知如何入手,向家长求助,需要家长助力一下才能继续向前。这个时候,我们可以帮助孩子把棘手问题分成一个个小步骤、小目标,一个一个去完成,这样更容易解决。

比如教孩子包饺子,孩子一开始觉得很难,我们可以把整个过程分成几个步骤,第一步拌馅料,第二步和面,第三步擀皮儿……分步后一切就变得相对简单了。

(二)事后复盘,提高能力

每当孩子解决完一个难题,克服了一个困难之后,都可以和孩子共同复盘整个经过,分析原因,总结克服困难的方法,这样孩子以后再遇到这种事情,就有信心独自面对了。

(三)丰富阅读

读书可以让人博古通今,丰满自己的人格,让人在其短暂的一生中感知更为宽旷的境界和意义,以前人的阅历和感悟来反思自我的人格和经历,以更高的格局去看待所遭遇的一切,越是对现实洞察得深切,面对问题的时候,越是能泰然处之。

第三章

心理边界（一）——
教孩子学会弥补心里的那个洞

心理边界的侵犯在生活中经常见到，小到影响一个人的情绪和做事章程，大到影响一个家族甚至全社会。

这一章主要说一说父母在家庭教育中如何保持好心理边界感，不去侵犯孩子的边界，给予孩子自由的成长空间；又如何帮助孩子建立心理边界感，让孩子不轻易触碰别人边界的同时，坚定地守护自己的边界。

第一节　掌控情绪边界

情绪是什么？心理学家施塔和卡拉特认为情绪是一种内部的主观体验，但在情绪发生时，又总伴随着某些外部表现。

其实早在婴儿时期，孩子就已经开始体验各种情绪的发生了，比如爸爸和孩子玩藏猫猫的游戏，孩子会被逗得开心大笑；睡觉醒来发现妈妈不在身边，孩子会感到恐惧而啼哭。当再大一点，他们体验到了更多的情绪，有开心、沮丧、愤怒、恐惧、伤心等。

"情绪"是伴随我们一生的伙伴，它可以调节我们的行为，也会影响我们的决策，不好的情绪长期积累会威胁到我们的身心健康，也会对周围的人产生影响。所以，掌控情绪、分清情绪边界非常重要。

在现实中，有哪些逾越情绪边界的行为，我们又应该如何去做呢？

一、养育者压制孩子的情绪

有些一直在原生家庭中被打压否定的孩子,是不被允许痛痛快快流露情绪的。想哭,妈妈不让哭,"都这么大了还哭,让人笑话";想笑,不能笑,或者不能笑得太大声;伤心是种矫情;愤怒也不对……当过多的不良情绪不被理解和看见,得不到疏通而积压在心里,长此下去,会对身心健康造成严重破坏。

这样做的父母,很可能他们小时候也被压制过情绪,他们需要先做自我成长,和情绪握手言和。情绪没有好坏之分,是自然的产物。我们要努力理解自己和孩子的情绪,当情绪被看见、被理解和被尊重了,它才会自然流通。

当孩子有负面情绪时,如果孩子的情绪没有及时被发现和疏通,而是被强行压制了下去,那么这个情绪并不会平白消失,它会被积压在孩子的潜意识里,间接影响孩子以后的身心健康。如果情绪积压过多,那么孩子不仅可能会发展出对抗、暴力、反社会等极端行为,还会引发抑郁、焦虑等心理疾病。

如何帮助孩子更好地掌控自己的情绪边界,不把坏情绪带给别人,也不轻易受到别人情绪的影响呢?首先我们要让孩子尽早识别情绪,并且会正确表达自己的情绪,然后再引导他掌控情绪,分清情绪界限。

(一)识别和梳理情绪

要想掌控情绪,首先要会识别不同的情绪,以及梳理引发情绪的前因后果。帮助孩子识别和梳理情绪的方法有很多,比如:

1. 和孩子玩"我做你猜"的游戏。你做一个表情,让孩子猜测你现在的情绪是什么,然后再反过来,他做你猜。

2. 读绘本或者观察情绪识别卡片。在读的过程中询问孩子这是什么情绪,这种情绪是由什么引起的,又是怎样消失的。比如:"故事里的小猪怎么了?哦,他不开心了!他为什么不开心呢?"

3. 在生活中,把家人当作识别情绪的例子。"你知道爸爸为什么会笑吗?因为爸爸很开心!爸爸为什么这么开心呢?因为爸爸打篮球赢了。"像这样,引导孩子通过别人的表情识别情绪,并且交流情绪产生的前因后果。

经常性地与孩子沟通情绪,会让孩子今后能更好地识别和梳理自己和他人的情绪。

孩子能够分辨不同情绪,并且能够凭借自己的能力对引起情绪的原因做相应的梳理,这将为他发展掌控情绪和保持情绪边界的能力奠定非常好的基础。其实,当成年人陷入某种情绪旋涡的时候,也可以应用这个方法,先识别自己现在处于哪种或哪几种情绪中，自我梳理引起情绪的原因是什么，这个原因背后自己的需求和目的是什么。情绪只有被看见了，才有可能慢慢减弱，理智也才能重新上线。

(二)表达情绪

情绪不光要被识别和梳理，还要清晰流畅地表达出来，让在意的人或者冒犯了你的人清楚地知道此刻你的感受。

这一点，父母可以结合生活中的具体场景给孩子做示范。比如：

孩子没有敲门就进入了你的房间，你可以说："宝贝，你没有敲门就进我的房间，这让我感觉很不舒服，下次进妈妈房间要先敲门征得我的同意哦。"

按照"对方的行为—引发我的感受—提出希望"的句式可以清晰地让对方知道他的行为给你带来了什么样的情绪。父母做出了正确的示范，孩子就会模仿父母处理问题和情绪的方式，去处理自己的情绪。

当孩子正在发脾气的时候，父母切忌声色俱厉地跟孩子说：

"你再闹我就不管你啦！"

"我那么爱你，每天都要照顾你。你怎么能跟我生气呢？"

前者会让孩子对自己的情绪产生羞耻感，让他觉得自己不应该发脾气,发脾气就等于没有人爱,被人抛弃。后者则用道德绑架的方式阻断了孩子疏通情绪的通道。

在表达情绪的过程中,父母要传递给孩子的信号是,情绪没有好坏之分,无论是积极的,还是消极的情绪,都是我们的好伙伴。不要认为孩子生气不对,也不要以爱之名去压制孩子对你的不满和愤怒,愤怒恰是生命力的一种体现,是我们每个人都拥有的,愤怒的背后可能是一种渴望、一种脆弱。

当孩子不愿意表达情绪的时候该怎么办呢?这时,我们要想想背后的原因。

是不是当孩子说"妈妈,我讨厌那个大哥哥,我不想跟他一起玩了",你回一句"哦,好",然后继续看电视;

当孩子说:"爸爸,我讨厌上语文课!"你来一句:"语文多重要啊!你怎么能讨厌它呢?那能学好吗?"说完又把孩子推去读课文。

当孩子想要跟父母表达感受的时候,得到的不是冷漠的敷衍,就是自以为是的打击,从来没有站在孩子角度想一想,他到底发生了什么,他的情绪背后有什么需求。在父母一再忽视和打压之下,孩子感觉到你不在乎他的感受,久而久之,他就不再表露自己的内心世界了。

如果想和孩子重新建立沟通,要先修复关系,重新建立信任感。如前面"心理能源之树"相关内容所说,孩子需要被无条件接纳,需要更多的不加评判的陪伴和倾听。

当然,有些性格内敛安静的孩子不是不愿意表达,而是不喜欢张扬,选择气鼓鼓地生闷气。这个时候,可以问一句:"你是不是有情绪了?如果你不想说,那妈妈就不问了,你想说了再找妈妈,妈妈会一直陪着你。"父母要让孩子知道,他的情绪是被重视的,之后找机会再慢慢引导他正确表达出自己的情绪。

(三)情绪失控

当孩子因为需求未被满足而撒泼打滚的时候,就是他情绪失控的时候。我们怎样做才能帮他恢复平静的同时保持好各自的情绪边界呢?

当孩子在超市闹情绪的时候,可以说"因为你想要的玩具没有买到,你就不开心了是吗?"以此帮助陷入情绪旋涡的他识别和梳理情绪,并且让他感觉到自己的感受被关注和理解,等到负面情绪慢慢淡化后再和孩子进一步沟通。

这个过程中,保持住自己和孩子的情绪边界,做到不被孩子的情绪传染,分清他和你的边界,不要评判,不要打击。

情绪是非常自然的产物,更多时候它需要被看见和接纳。

在关注和理解孩子的同时,我们要做到"不带敌意的坚决"。心理学家科胡特提出"不带敌意的坚决",可以很好地应用到解决问题中来。

不含敌意,就是不攻击、不否定,平静而友善;坚决就是坚定地维护自己的立场,不轻易因对方的情绪而动摇。

比如孩子想看动画片,如果父母说:"告诉你到时间了,不能看了,非不听,你再闹,以后没有动画片给你看了!"这句话里带着不耐烦和威胁的意思,否定了孩子的感受,明显感觉到父母站在了孩子的对立面。孩子听之后可能会哭闹得更加厉害,甚至可能上手打人。

正确的做法应该是"宝贝,妈妈知道你还想看动画片,但是我们每天规定的时间到了,接下来你应该去洗漱准备睡觉了",这句话里面,妈妈看到了孩子的需求,让孩子知道他被人关注着,他的需求有人懂,同时妈妈坚定地表达了自己的立场,没有因为孩子哭就动摇。如果孩子还是哭怎么办?那么你可以继续陪着他,跟他说"如果你还是很伤心,那妈妈陪着你",可以同时拥抱他,让他感受到妈妈稳定的、不离不弃的关注,直到他的情绪消退下去。

二、分清自己和他人情绪的边界

(一)自己替别人的情绪负责

有些人很容易就接住了别人的情绪,替别人的情绪负责,比

第三章　心理边界（一）——教孩子学会弥补心里的那个洞

如我。明明是别人愁苦，我看见了，会很自然地接住这份属于自己之外的愁苦，最后自己也苦大仇深，并且干扰了别人对于情绪的完整感受。

当我和妈妈因为要共同照顾女儿熹熹而生活在一起的时候，我发现自己很容易受到妈妈情绪的影响，她不开心，我就不开心。有一天，我突然意识到这样好累，明明是她对一件事情的负面解读引发了她的坏情绪，为什么我也要不开心呢？于是我突然想到，我承接了她的情绪，我在为她的负面情绪负责，在想办法去改变她的情绪。想改变，从某种程度来说也意味着想操控。但是，作为一个独立个体，情绪的负责人应该是妈妈自己。当她深陷情绪泥潭无法自拔时，我可以引导她看见和接纳自己的情绪，去发泄和疏通，找到让自己走出来和唤醒正面情绪的方法，而不应该揽责，想要去改变和操控她的情绪。让她自己负责，她才能对情绪有一个完整的感受，才更有利于她掌控自己情绪的边界。

我恍然大悟，于是在心里暗下决心，保持和她的情绪边界。想通了之后，我感觉这个世界瞬间清爽了很多。

有一次，妈妈又一次情绪失控，冲我发泄情绪，我平静地提醒妈妈："妈妈，请你控制一下自己的情绪，这样解决不了问题，对你身体也没好处。"然后她沉默了，情绪慢慢平稳了，一夜过去，第二天就神采奕奕的了，而我也不再因她的情绪陷入痛苦。

当别人有情绪的时候，我们要分清情绪边界，可以尽量去看见和理解这份情绪，提供支持和帮助，但是不要承接属于别人的情绪，为这份情绪负责，因为发泄情绪者才是情绪的负责人。

(二)让别人替自己的情绪负责

有的人产生了情绪，就随意发泄到孩子、家人或者弱小的群体身上，不分情绪边界，让其他人承担自己的这份愁苦。这样做非但解决不了问题，还累及他人。

笑笑妈妈头疼，心情有些烦躁，这个时候笑笑过来拉着妈妈一起玩。如果笑笑妈妈不懂得掌控自己的情绪边界，可能会说："玩什么玩，看不见妈妈正难受吗？一点也不心疼人，自己玩儿去。"

那么，笑笑还能开心地玩耍吗？她可能会因为这一通话也变得不高兴了。

然而，能掌控好自己情绪边界的妈妈则会说："宝贝，妈妈现在头疼，很难受，想自己休息一会儿，等妈妈好了再来陪你。"这样，既把事实陈述给了孩子，让孩子学会理解，也不会把坏情绪传染给孩子。

同样，我们也要教育孩子保持住自己情绪的边界，不累及别人。比如，孩子正因为没有考好而心烦，这个时候有同学过来叫他出去打球,如果他说:"没看见我正烦着吗?不去!"就会把坏情绪传染给同学,同学也会因为不知道他为什么会烦而产生误解。

如果换成"这次没考好,有点难受,想自己待一会儿,你们去玩吧",这样清楚地把自己遭遇的事情和内在的情绪表达给了同学,同学也会对他的状态和拒绝表示理解,而不会产生误解。

保持情绪边界,要懂得别人不应该为你的坏情绪负责,自己要能够很好地识别、梳理、表达自己的情绪,并且不传染给别人,同时还要明白别人的情绪也不需要你来负责,不要轻易被别人的情绪所传染。

在一档亲子节目中,一位父亲嫌小儿子行动缓慢,就不耐烦地催促他快点走,儿子识别到了父亲的情绪,拿着喇叭对他喊:"你能别烦躁吗?"这句话让父亲意识到了自己的不对,立马收敛情绪,跟儿子道歉。

"你能别烦躁吗?"这句话显示出了孩子的冷静和边界感,他没有接受父亲的负面情绪,让自己也变得焦躁不安,或者去讨好父亲,而是维护了自己的边界,并让父亲冷静下来。

希望孩子们都能拥有这种边界感,当面对比自己强大的人的情绪侵犯时,可以冷静面对,不被别人的情绪所传染,勇敢地说出自己的心声。

第二节　当孩子被嘲笑

"妈妈,他们笑我长得黑。"

"妈妈,今天我回答问题回答错了,同学们都嘲笑我。"

嘲笑行为,是一种对别人人格和自尊心边界的入侵,是典型的不尊重别人的体现。

嘲笑他人者,抱有一种"我强,你弱""我行,你不行"的心态,通过贬低别人,来获取一种自我满足的价值感。嘲笑他人这种行为也是一种没有同理心的表现。

嘲笑的目标通常指向他人的弱点,比如生理缺陷、做错了的事情等。

被嘲笑,会让孩子产生一种羞耻感,觉得自己是不好的,是不被喜欢和接纳的。对于自我认知没有发展成熟的孩子来说,这无疑会让他们产生自卑心理,降低自己的价值感,从而引发退却、不敢与人社交等行为。

抵御嘲笑的攻击，突破被嘲笑产生的自卑，要做到几个要点：

- 只要孩子可以接纳自己不好的地方，别人的评价就不成立。孩子接纳自己的前提，是在原生家庭中父母可以无条件接纳自己。

- 孩子要有这个认知：即便有缺点，也不妨碍自己是有价值的，不妨碍自己是值得被爱的。这需要提前建立很好的价值感和安全感。

- 有一个很好的自我评价系统。知道自己有缺点，但是优点也不少，不能只看到缺点，而看不到优点。看到自己的优点越多，就越自信，越会弱化对缺点的注意。平时，父母要多肯定、赞美孩子。

- 自我打趣。当孩子对自己做错的事情或者自己的缺点深深接纳，并且可以拿来自我调侃时，就会把弱点转化为生活中的"乐趣"。

当孩子被嘲笑了，我们该怎么做？

第一步，看见孩子产生的主观感受，引导孩子说出他的情绪并接纳。例如：

"因为你回答错了问题，同学笑你笨，所以你很伤心。"

"他们说你长得黑，我看得出你很难受。"

第二步,帮助孩子分析客观事件。比如"宝贝,你觉得回答错问题很不好吗?"这个时候可能会有两种回答。

如果孩子回答"没有啊,下次改正不就好了",那么恭喜你,孩子对于犯错有一个正确的认知,并且自尊和价值感没有受到影响。接下来就可以开导他:"你这么说妈妈很高兴,因为你对于错误的认识是正确的,并且知道改正它,妈妈要给你一个赞。嘲笑别人做错题这个行为是不对的,跟你没有任何关系。"

如果孩子回答"我觉得做错题丢人了,很不好"之类丧气的话,那么可能是孩子成长过程中因为犯错接受过某种惩罚,或是他看到别人因为犯错而受到了惩罚,这些让他产生了犯错羞耻的错误认知。

我们要先修复他这个错误的认知,告诉他:"你犯错,妈妈不会责怪你,因为谁都会犯错。错误可以让你认识到自己还有不足,改正它,我们才可以变得更好!"当然,改变这个认知,还需要父母的积极行动,在以后的生活学习中不再因为孩子犯错就责罚他,并渗透犯错的积极意义,让他知道犯错很正常,平常心对待。修正了孩子的错误认知后,父母还要告诉孩子,嘲笑别人的行为是不好的,这种错误行为会伤害别人的自尊心,而你没有任何问题。

如果孩子因为长相等原因被嘲笑,比如被别人嘲笑长得黑、长得丑、脸上有疤痕,还有的孩子有先天生理缺陷,也容易被别人拿来取笑。你是告诉孩子"谁说的,我去教训他",还是"你不丑,你是最美的"。我想哪一种说法都不是很妥帖,第一种教给孩子用暴力解决问题,第二种则是不客观不现实的,让孩子活在一种虚假的幻想之中,当孩子有了自己的审美之后,他会明白这只是一个谎言。

我们要告诉孩子现实是什么,帮助他接纳现实,想起自己的好,认识到自己是有价值的。

举个例子,"你的脸上有一道疤痕,这在一定程度上是影响了美观",这是在叙述事实,让孩子认清现实,接下来我们可以帮助他打开思路,"但这并不妨碍你变得优秀,你字写得非常漂亮,你的足球踢得很好,除了这些,你还有很多优点。最重要的是,你是妈妈独一无二的宝贝,无论怎样我们都爱你!我们不需要因为别人的几句话就去否定自己,因为别人说的话不一定都是对的。你看物理学家霍金,他全身瘫痪,但是会有人嘲笑他吗?不会的,因为他通过自己的努力为人类做出了贡献。所以别人怎么评价,都不会影响你的价值。"这句话里面,帮助孩子重新认识到自己还有很多优点,并且给予了安全感和价值感,让他知道,缺点不可怕,无论自己怎样,都是有价值的,且值得被爱。

泰戈尔说:"星星并不害怕自己被看作流萤。"因为星星清楚地知道自己的样子。别人的评价是带有主观色彩的,不同的人有不同的标准。如果孩子有稳定的价值感,有一个健全的自我评价系统,就不会那么在意别人的评价了。

要注意,在日常生活中,父母需要以平常心看待孩子的缺点或缺陷,对他无条件接纳,把这当作很正常的一件事。父母首先接纳孩子的缺点或缺陷,孩子才更容易接纳自己。

第三步,告诉孩子怎么做。当孩子从羞耻感里走出来,并且改变了自己狭隘的认知,知道人无完人,无论自己如何,父母都会在身边爱着自己,当孩子真正接纳自己之后,他的自信便会重新建立起来。以后再碰到类似的嘲笑,孩子会选择无视,去找自己的朋友玩,也可能会直接回一句:"丑的不是我,你嘲笑别人,你的内心才丑陋!"

第三节　当孩子被拒绝

当孩子开始向外探索，与他人产生互动，并渴望与他人建立更深层次链接的时候，就会发现自己的热情似乎并不总能换来同等程度的回应。

有一次，我们一家人去饭店就餐，我十多岁的外甥和老板的小女儿因为是邻居，所以玩得很熟。那天，外甥的飞机模型被弄坏了，心情很差，一直独自坐在饭店最里面的角落低头看手机，老板的小女儿过来叫他玩，他没搭理人家，小女孩就问他怎么了，他还是不吭声，然后小女孩又过去叫了他两三次，他都没有说话，小女孩就生气了，怒冲冲地向外甥喊道："你再看手机，眼睛就会坏掉的。就像那个姐姐一样戴上眼镜！"然后生气地走了。

在这个例子中，小女孩的情绪从开心，到失望，最后到愤怒，可以看得出她是个控制欲有些强的孩子，如果没有按照她的想法去做，就会很愤怒，并且她还没有发展出同理心。

在生活中，孩子的邀请没有得到理想中的回应，这种情况难免会发生，就像成年人的世界里也经常会面对被拒绝的情况一样。

当孩子热情地上前找同龄的小伙伴一起玩沙子的时候，他可能会面临哪些情况呢？

一是得到热情应允；二是对方茫然无措，不知如何答复；三是被冷漠无视；四是被一口回绝。

孩子在和别人的交往中，如果得到了别人的热情应允，这自然是最好的，可如果孩子被无视、被拒绝，或者他的主动邀约让对方不知所措了，那么他可能就会产生伤心、失望等一系列负面情绪，甚至有的孩子因为不能接受别人的拒绝，产生一种被拒绝的自卑感、失控感，进而引发愤怒。这时候，我们要教给孩子尊重别人的社交边界，尊重别人的选择。有些时候，这个世界是不能"如你所愿"的，不管怎样，我们都要对别人的行为表示理解和接纳，只要对方不是恶意的。

当孩子在社交中的热情没有得到期待中的回应，作为家长，我们应该怎么做呢？

一、观察行为，接纳情绪

看看孩子因为别人的漠视或者拒绝产生了什么样的情绪。

如果孩子说"他可能今天不太高兴,那我就自己玩吧",我们就无须干涉,孩子不会因为别人的拒绝而怀疑自己,或者攻击别人,这说明他内在的安全感和平衡感很足,同时懂得尊重别人的社交边界;

而当孩子伤心失望、愤怒暴躁、产生负面情绪时,父母则要及时看见,并给予回应,比如对孩子说"因为他没有答应和你玩,你很伤心",表示理解孩子,或者拥抱孩子一下,用肢体语言表示对孩子情绪的认同和支持。

二、初步让孩子体会换位思考,并告诉孩子不是所有人都能做朋友

孩子从"自我中心"过渡到"去自我中心化",这一阶段是社交敏感阶段,这个时候孩子开始以自己的方式去寻觅朋友了,他们会在社会交往过程中逐渐学会建立和遵循规则。

如果碰到拒绝,可以告诉孩子:"你想和他一起玩,但是他现在可能还没有准备好和你一起玩,或者他之前经历了不愉快的事情,心情不好,现在想自己待一会儿,我们就不要去打扰他了。"这是在告诉孩子,别人的冷漠和拒绝,可能有他自己的原因,我们可以试着站在对方角度去考虑下他为什么会是这个状态,让孩子初步体会换位思考。

边界力培养：让孩子在成长中自信又独立

如果孩子产生了自我怀疑，问："是不是因为他不喜欢我，才不跟我玩呢？"那么父母要敏锐地察觉到，此时的孩子内在价值感可能不是很足，这可能是因为家庭养育中父母没有充分给予无条件接纳和积极关注，没有及时肯定孩子带来的价值，进而让孩子有了不自信、低价值的感觉。这个时候，也可以把上面那句回应说给孩子听，并告诉他朋友很多时候是相互自然吸引而来的，比如告诉孩子："宝贝，你很好，不是所有人都能成为朋友。每个人都可能被别人喜欢，也可能不被别人喜欢，这很正常，总会有人看到你的好，并且愿意和你一起做朋友的。我们可以努力变得更好，这样就会有更多人被你吸引，主动来和你做朋友了。"

第四节　当孩子被孤立

孤立，其实是一种冷暴力的霸凌方式，是对儿童人格、安全感和价值感的边界侵犯。

被孤立，意味着被一个群体拒之门外，这会比被个体拒绝更加令人难以接受。被孤立的孩子很容易陷入自我否定的恶性循环中，觉得自己是没有价值的，是不被人喜欢的。这时候，我们要给予他充足的支持和安全感，让他知道爸爸妈妈是他最坚强的后盾，并为他找回丢失的自我价值感。可以告诉他，"有人欣赏你，也会有人不欣赏你，不要总是盯着那些不喜欢你的人。有些同学不跟你玩，你可以去找那些喜欢你的同学玩。"

如果被孤立的孩子是一个价值感足的人，那么他的内心就不会有多大波澜。这样的孩子既可以自己独享乐趣，也可能会去寻找新的朋友，因为他确信自己是值得被喜欢的。

在一档亲子节目中，一个小女孩和两个小男孩正在一块儿玩,突然其中一个男孩拉着另一个男孩说:"我们不带她,我们去那边玩。"于是他们俩便跑去了别的地方,独留女孩一个人。这时女孩高兴地说:"太好了,这里我可以一个人玩了。"

我在论坛上还看到一个类似事例:一位母亲送孩子去儿童篮球馆学习打篮球。打篮球需要四人一组,这个男孩和另外三个具有亲戚关系的孩子组成了一组。练习过程中,那三个孩子互相之间传球,就是不给这个孩子,妈妈感觉到了孩子被孤立,但是这个孩子并没有因此不高兴,跟妈妈说:"本来是四人友谊赛,结果变成了我一比三对他们,你说我厉不厉害?!"

这两个例子中的孩子,在家里应该也是被积极关注的,保持有很好的自尊边界和高价值感,不会因为别人的不理睬和离开而否定自我、怀疑自我,他们始终保持着高能量状态,从内心深处认为自己是好的,是有价值的。

如果被孤立的孩子是一个安全感和价值感都不充足的人,那么我们需要给予他更多的陪伴以及无条件关注,多去肯定他给自我、给他人带来的价值。

这里推荐一本优秀的社交绘本给大家,就是加拿大作者阿妮·卡斯蒂洛为孩子精心准备的《乓:勇敢说出来》。绘本把我们与他人的互动比作打乒乓,"你乓,他们乓""我们只能乓,别人怎么乓,我们决定不了""你乓一个大大的微笑,得到的乓会多种多样,可能是微笑、害怕、生气或者直接忽略"。简单的一本绘本直观地告诉孩子:你的乓,不一定会得到期待中的美好,别人怎么乓是由他们自己决定的,而且他们如何乓,又与他们的性格和所处的环境、情绪等都有关系,我们要学着接纳和尊重。我们无法控制别人的态度和行为,但是我们可以改变自己,只有更加勇敢地、自由地、智慧地、快乐地表达自己,才能得到更多美好的乓。

第五节　孩子,你不需要讨好任何人

在游乐园,终于排队等到了玩秋千,有个小孩直接过来跟孩子说:"我想玩,你要是不给我,我就不跟你玩了。"然后你的孩子默默放开了绳索。

在学校里,小朋友没经过孩子同意便拿走了他的铅笔,他想要回来,但又担心对方不高兴,也就不了了之了。

这两种行为都是讨好行为,把别人的感受放在自己的感受之上,生怕自己惹得对方不开心。

著名家庭治疗师维吉尼亚·萨提亚说:

"讨好他人时,我们漠视了自己的价值感受,将我们的权利拱手让给他人,并对所有的事情点头称是。"

"讨好者会对他们在交往中的人和情境予以充分的尊重,却毫不在意他或她自己的真实感受。"

从这些描述来看,讨好型人格的主体潜意识会感觉自己毫无价值感,别人的要求和感受永远在自己之上。他们压抑自己、漠视自己,甚至牺牲自己去成全别人,他们不敢拒绝,不敢提正当要求,不敢维护自己的权益,不敢维护自己的边界,因为他们怕别人不开心,怕别人不爱自己,怕别人会厌弃自己,他们的边界感是支离破碎的。

一、孩子形成讨好型人格的原因

(一)耳濡目染,言传身教

如果父母属于讨好型人格,那么孩子很可能会学习到这种人格特征,并复制父母的行为模式。

"妈妈,他不想和我玩怎么办?"

"你把自己的饼干分给他,他就会和你玩了。"

这其实就是一种讨好行为,拿东西去交换别人的好感和关心,暂时会达到自己的目的,倘若长期习惯性地用这种方式去赢得别人的在意,会让人形成一种刻意讨好,以利益换取人心的功利认知。如果别人为了得到你的好处才跟你交往,实质是把你工具化了,并没有真正接纳你。

在游乐场,两个孩子因为一个木马起了争执,父母不分青红皂白就把孩子拉过来,告诉他不要和别人抢东西,要谦让,要把东西让给别人。

像这样忽略孩子的需求,并且不问原因就训斥孩子,不了解事情原委就要求孩子主动谦让,会让孩子更加没有底气维护自己的权益和边界。

(二)"你必须听我的"

有没有这样的父母,以爱之名去控制孩子,无底线地入侵孩子的心理边界。孩子如果不顺从,就会迎面而来各种挑剔,父母觉得孩子的选择这不好,那不好,这样孩子以后就不敢自己做主了,因为做主就意味着错误、挑剔和唠叨。更有甚者,如果孩子不听从父母的安排,就指责孩子,这样做孩子不但会丧失自主意识,自尊心和价值感也会受到重创。

长期遭受压制的孩子,自我意识会渐渐丧失,不敢反抗。他们认为只有顺从才能安全,才能让父母多爱自己一点,进而逐渐形成讨好型人格。当然,长期压制孩子也可能让孩子变得逆反,他们可能直接跟父母对抗,也可能以无声的方式对父母进行反击,比如故意不好好考试,故意拖延等让父母暴怒。

如何避免孩子形成讨好型人格呢?可以参考前面心理能源之树的相关方法,帮助孩子建立安全感、掌控感、价值感和平衡感。

二、补救方法

如果孩子已经有了讨好型人格的端倪,除了要注意帮孩子"储备"心理能源之外,还可以这样去补救。

(一) 多询问孩子的想法和感受,并加以肯定

讨好型人格特点之一,就是压制自己的感受和需求,我们可以从这点入手,帮助孩子重新看见并肯定自己的价值和需求,放大自己的感受,让他知道自己也很珍贵。比如:

"这件外套有白色和黑色,你想要哪一件呢?"

"周末我们打算出去玩,你是想去钓鱼呢,还是想去游泳?"

如果孩子犹犹豫豫,做不出决定,你也无须帮他做决定,而是肯定地告诉他:

"你选择哪个都是可以的,只要你自己喜欢就好!"

"问问你的内心,不用在乎别人的看法。"

"如果你连自己的感受都不尊重了,谁还会尊重你呢?"

如果有人侵犯了孩子的边界,比如案例中不排队就抢秋千或未经允许就拿走铅笔等行为,你可以问孩子:

"你是心甘情愿的吗?"

"他这样做,你开心吗?"

先强调孩子的意愿和感受,然后告诉他:"下次再有人这样做,你就坚定地拒绝他,并且告诉他,你先来的,你玩会儿再给他。"

也可以直接说:"我现在不方便给你用我的铅笔。"

(二)接纳过渡期情绪

讨好的心理不是一朝一夕就能改变过来的,孩子的心理能源之树需要重新构建,这需要时间。父母除了询问并肯定孩子的想法、感受之外,还要帮助孩子做好过渡,接纳他由于被拒绝而产生的负面情绪,并给予他支持和力量。

当孩子内疚和自我否定的时候,要坚定地告诉他:"你只是在维护自己的边界,并没有做伤害别人的事情,这是正确的,不需要内疚。"

(三)参加体育锻炼,增强肌肉力量和掌控感

孩子在四岁以后就可以适当进行自行车、游泳、球类、跆拳道、舞蹈等运动了。"当孩子肌肉有力量了,他就会有一种控制感",中国人民公安大学李玫瑾教授如是说。

在讲心理能源之树的时候我们说,掌控感是孩子在自主操作过程中获得的。

儿童在进行体育运动时,可以掌控外部环境和自己身体的

平衡、肌肉的收紧放松等,这些不但能提高孩子的身体素质,也会增加孩子的掌控感和力量感。当孩子在面对强势的边界侵略者时,良好的身体素质有助于提升孩子的底气和勇气,也会让侵犯者知道孩子是有力量的,不是轻易就会妥协的。

所以体育锻炼于身体和心理素质都会产生很好的作用,能够增加孩子在维护自我边界时的勇气及自信。

边界力培养：让孩子在成长中自信又独立

第六节 未经允许的帮助可能是一种边界侵犯

女儿熹熹七八个月大的时候，有一天自己坐在地上玩一个按按钮就会自动弹跳出小恐龙的玩具，小恐龙弹出后需要手动按回才能再继续玩。当时她用小手尝试着按回小恐龙，试了几次都无果。旁边的奶奶看不下去了，上去就把小恐龙给按了回去，对熹熹说："这样按。"熹熹立马不高兴了，生气地叫嚷了两声，胳膊一挥，转头去玩别的了。

孩子正饶有兴致地沉浸在游戏中，奶奶没有把握好自己与孩子之间的边界，猛然插手了孩子的事情，引起了她的不快。这种事情在生活中经常碰到，比如：

当孩子在为一道数学题苦思不得其解的时候，你看不下去了，上来就帮孩子把这道题的解题步骤写了出来，还振振有词地说："这么简单还用得着想这么久吗？"这个举动，不但剥夺了孩子深入思考、解决问题的机会，还因此嫌弃了他，增加了他

心理边界（一）——教孩子学会弥补心里的那个洞　第三章

的羞耻感；

孩子在拼拼图，一时找不到合适的位置，你上去就帮孩子找到了最佳位置，并骄傲地放了上去。孩子一时手足无措，拼到最后，成了你自己的游戏，而孩子就是一个旁观者，没有参与感不说，在游戏中也没有得到丝毫的价值感和乐趣；

孩子在思考如何把弄撒的牛奶收拾干净的时候，你不由分说地就给擦干净了，孩子以后学会了当甩手掌柜，遇到问题就等着别人来处理；

孩子们在一起因为一个玩具起了争执，你觉得他们太小，不能自己解决交际中的矛盾，所以上去就把他们拉开了，这其实是把孩子放在了一种弱小、毫无解决能力的预设中，剥夺了他们自己解决矛盾的权利。如果你不急于插手，也许他们可以用自己的方式化解矛盾。

有一些父母在陪伴孩子的过程中很没有耐心，想要赶紧帮助孩子把困难解决掉，这种包办代替的行为不可取。

急切的帮助，往往破坏了孩子思维建构的过程，剥夺了他们锻炼专注力和磨炼意志的机会，这也是一种越界行为。当孩子不需要你的帮助，你却未经人家允许就代替他做了他应该做的事情，末了，你可能还会唠叨一句"这不很简单嘛，磨磨蹭蹭浪费时间"。

父母之所以这样做,其实是因为没有分清楚"我是我,孩子是孩子"。当孩子在思考、在试错、在体验的时候,请给予尊重,给予足够的时间和空间,这才是对孩子最大的支持。

心理学家乔治·戴德认为,要首先尊重他人对问题的所有权,并捍卫他们自己解决问题的权利,这包括他们犯错的权利(尽管这样做代价巨大),所以,让他们自己去做必须要做的事。

如果这个问题是属于别人的,那就是别人的事,若你强行插手,这个问题就变成了你们俩的,由于两个人的思维、观点、处事风格的不同,解决问题的思路就不同,这很大程度上便会引起矛盾。

所以,孩子在学习和生活中若有问题不能马上解决,父母可以这样做:

一、不插手,让孩子对于**解决问题有一个完整的体验**,充分享受掌控感

孩子的事情是他自己的事情,不是你的事情,保持好这个边界,包括对待别人也一样。

如果孩子没有向你求助,而是沉浸在思考中,你便可以放心做自己的事,不要打扰孩子。孩子在感觉自己解决不了的情况

下,他会明确向你求助,这个时候,你就可以施以援手了。

比如:当孩子拼图遇到了瓶颈,想让你帮帮他,说明他达到了自己的最近发展区,需要外界助力,帮助他跨过瓶颈,继续前进。你可以这样提示他:"这里缺的是什么形状的拼图?哪种颜色和旁边拼图的颜色最接近呢?你可以把相近的拼图摆在这里,试试看哪个最适合。"用提问的方式诱导、启发他,不要一下子告诉他正确答案,如此引导他主动思考,参与到解决问题的过程中来。

边界的保持,不但存在于学习和游戏中,在生活中也一样。

小立的父母老来得子,所以小立非常受宠,在家里妈妈什么都不让他干,衣服妈妈帮着穿,鞋带妈妈帮着系……直到小学了还是如此。小立本来可以自己做的事情,都让妈妈干了,导致小立在学校不会整理书包,不会跟着卫生小组打扫卫生,平常做事也慢半拍。

把孩子的事情还给孩子,他们能自己解决的问题就放手让他们自己去做,做得好也罢、坏也罢,快也好、慢也好,都是一种掌控感的体验,都是在积累经验。

父母可以指出一些问题,提出更好的建议,但这一切,希望是在孩子完整体验解决问题之后。因为只有孩子有了真切的体验和感受,他才能根据自己得到的经验进行反思,进而产生主动要求改变的意愿,改变也才可能真正发生。

二、莫要好为人师

父母以身作则,不轻易插手别人和孩子自己的问题,同时也要告诉孩子,好为人师是不好的。有些脑子转得特别快的孩子,忍不住想"帮助"别人,其实这些行为是不妥的,从某种程度讲,它们都是入侵别人边界的表现。

晓雯看见同桌杉杉在冥思苦想一道题,晓雯上去就说:"你怎么还没做出来呢?!"然后不由分说地给他写出了答案。

这里的晓雯便是没有尊重杉杉解决问题的边界,未征求他的意见就告诉了答案。

如果杉杉是个有正常边界感的孩子,那么他可能会不高兴,因为晓雯的行为无意中把自己放在了"我行,你不行"的高位,这种状态让晓雯觉得自己有资格去评判、指导别人。而杉杉会因为自己被打断思考,解决问题的权力被剥夺,并且在这个关系里被迫处于"你行,我不行"的低位而产生不满。

如何解决问题,以及解决问题的耗时长短,这些都是别人的权利,是由别人决定的。未经他人同意好为人师的行为,容易导致对方羞愧,招致对方的厌烦或者憎恨。

所以,告诉孩子,控制住你想要帮助别人的冲动。当他人明确向你求助，或者你得到了别人的允许后再伸出援助之手也不迟。

　　当然，这只是与人正常社交中需要保持的边界。如果遇到紧急情况，比如有人在街边晕倒，或者看到有人溺水，别人不方便或者不能口头提出求救的，需要我们马上伸出援助之手。

第七节　时光沙漏不等人

孩子和小伙伴约好一起出去玩,但总是迟到;

上幼儿园,因为孩子贪玩,错过了校车的接送;

孩子开始上小学了,但是时间观念不强,拖拉磨蹭让人很是着急。

你的孩子有没有经常性迟到?与人相约迟到了,其实侵犯的是别人的时间边界;而上学迟到,不仅耽误了自己的学习时间,也会打扰到课堂秩序。

人一生的时间是有限的。在婴幼儿时期,除了吃喝玩乐,基本没别的事情,等到了上学的年龄,时间的重要性就会逐渐显现。到了固定时间要上学,每天什么时间要上什么课程,放学回家后要完成家庭作业。放假了,这个时间段是给兴趣班的,另外一个时间段是给家庭娱乐的。走入社会,时间就更加重要了,很多人都争分夺秒地为了生活、为了理想而奋战,一刻钟都不想耽误。

所以，不如从小就培养孩子良好的时间观念，做到珍惜自己的时间，也不浪费别人的时间。

鲁迅先生说过，"节省时间，也就是使一个人的有限的生命更加有效，而也即等于延长了人的生命。"

怎样帮助孩子从小树立时间边界意识呢？

一、可以提醒，但不催促，让孩子自己掌控时间边界，承担责任

子敬和几个要好的同学约好，在某餐厅请他们吃饭。到了约定的时间，同学们都到了，围坐在餐桌边，可是子敬还没有来，于是他们开始边闲聊，边等待子敬。

半个小时过去了，其中一个同学给子敬打了电话，问他走到哪里了。子敬回复说，在半路。又半个小时过去了，同学们已经饥肠辘辘了，只见子敬姗姗出现。

子敬做事习惯拖泥带水，没有时间观念，他的行为也给别人造成了很多困扰，白白浪费了别人宝贵的时间。

在子敬的原生家庭里，父母从小没有帮助他树立正确的时间观念，凡事都是在后面催促着他去做，好像只有赶着他，他才能动一动。

催促的背后隐藏的可能是掌控欲、对孩子的不信任和父母

深深的焦虑。

经常催促孩子的后果是扰乱孩子的内在秩序,分担了孩子的责任,让他变得不自主不自律,没有时间观念,也不尊重别人的时间边界,或者故意以"拖沓""磨蹭"来表达对父母不停催促行为的不满。

怎么改变呢?以提醒代替催促。如果经过提醒,孩子依然拖沓,这是孩子自己的选择,是他的事情,我们不需要去干涉;如果由于他的拖沓导致某些后果的发生,这也是他自己应该承担的责任。

比如孩子上小学了,有磨蹭的情况发生,可能很多家长会很着急,一边催一边帮着孩子整理东西,再急匆匆拉着孩子去上学。家长为什么会着急呢?因为担心孩子会迟到,会被老师惩罚,惩罚了孩子就会委屈,就会哭,会耽误学习。

这个担心没有错,但要意识到这些都是你自己通过主观推断得到的结论,把孩子可能要承担的责任后果转移到了自己身上,从而产生了焦虑情绪。其实,家长重点要做的是把握情绪边界,不要把自己的焦虑情绪带给孩子。

在孩子的认知里,他甚至不知道迟到会引发什么样的后果,因为他没有经历过,所以不如放手,让他体验一次,让他承担他该承担的后果和责任。

如果时间紧迫,可以严肃地告诉他:"你这样做,不但自己会迟到,也会耽误妈妈上班的时间,让妈妈非常为难,所以我希望五分钟之内我们可以出门。"让他体会到父母的为难处境。只要保持住情绪边界,同时表达出自己的感受,让孩子意识到他的行为已经越界了就可以了。

以后到了某个时间点,可以提醒他一次,比如"到吃饭时间了""该出门了",或者上个闹铃,让他自己把握时间。如果他真的迟到了,受到了应有的惩罚,一定会有不开心的情绪产生,父母只要接住孩子的情绪就好,不需过度安慰,同时告诉他遵守时间的重要性,培养他的责任感和守时习惯。

二、抓住教育机会,及时强化

如果某一次孩子遵守时间安排,及时赴约,按时完成了某件事情,这是教育孩子的好机会。可以说:"宝贝,妈妈觉得你按时赴约的行为真的很棒,因为你没有让小伙伴等你,没有耽误一起玩耍的时间,让小伙伴和妈妈都觉得你是一个懂得尊重别人时间的好孩子。"抓住教育机会,及时强化孩子遵守时间的行为,会让他从小懂得尊重别人的时间是一种美德。

三、以孩子为中心,设计时间规划表

我们可以和孩子一起设计一个时间规划表,比如早晨

7:00~7:30起床、穿衣、洗漱，7:30~8:00吃早饭，19:00~19:30练习书法等。

在制定过程中，要问询并尊重孩子的意见，让他充分体会掌控感，知道这是属于自己的时间，要懂得自己主动安排，家长只起辅助引导的作用。

久而久之，相信他会慢慢建立时间规划意识，知道什么时间该做什么事情，也知道尊重别人的时间和尊重自己的时间同样重要。

第四章

心理边界（二）——
分清你和我，从黏连的关系中走出

如何把控好亲子之间的边界，减少亲子之间黏连不清的关系和摩擦冲突，让一切回归清爽？本章会重点讨论。

把孩子的责任归还给孩子，把父母的期望归还给父母，分清他的事和你的事，不要阻拦孩子试错，放手让孩子去触碰现实，去迎接自我，亲手揭开这个世界的面纱。

作为父母，你不能代替孩子去笑、去哭，也不能代替孩子去体验、去经历，更不能代替孩子做主他的人生，所以，请把孩子的人生掌控权完整地归还给孩子，而你，可以放心回归到自己的人生航线。

第一节　把孩子推到前面，帮孩子筑牢责任边界

形形的弟弟在外面欠了钱，跟形形哭诉，面对债主威胁、弟弟的寻死觅活，形形把自己打算买房子的钱和丈夫的存款都取了出来给了弟弟，这些还不够，形形又要求妹妹拿出自己的积蓄给弟弟。等到形形妹妹家里有急事需要用钱的时候，却凑不够钱。这是典型的"扶弟魔"的表现，通常发生在重男轻女的传统家庭中。

以上例子，跟一个词有关系，就是"责任边界"。

责任边界，就是要分清楚自己的责任和别人的责任。自己的责任要敢于承担，不推卸、不逃避，同样，别人的责任也由别人来承担，自己尽量不要替别人揽责。

一、责任边界不清的表现

很多家庭中，互相之间形成了一种共生绞杀的关系，造成责

第四章　心理边界（二）——分清你和我，从黏连的关系中走出

任边界模糊不清，主要有三种表现：

（一）自己承担了别人的责任

悦悦上学要迟到了，还在家里磨磨蹭蹭，妈妈心急如焚，一边不停地催促、埋怨，"你快点吧，这拖拖拉拉的性格随谁了，我看你一会儿迟到了咋办"，一边忙着给悦悦收拾东西在门口等着。

悦悦妈妈因为担心悦悦迟到受罚而紧张着急，把悦悦迟到应该承担的责任分担到了自己身上。

再比如前面案例中的彤彤，也是承担了别人应该承担的责任，导致自己的生活严重受到影响。

（二）让别人承担自己的责任

晶晶原本成绩非常好，可以上重点大学，但是在高三上学期的时候学习成绩下降得非常厉害，想上重点几乎不可能了。

回到家，妈妈问晶晶这次考试考得怎么样？晶晶很暴躁地说："都怪你……我这次考试没考好！"晶晶把成绩下降的责任推到了妈妈身上，母女俩大吵了一架之后，妈妈气得睡不着觉，而晶晶似乎发泄完了，第二天高高兴兴上学去了。

晶晶把自己的责任转移到别人身上，这种行为是典型的让别人承担自己责任的行为。

我在网上看到过这样一个视频,有个学生在书店买言情、盗墓小说,被其母发现,他的母亲就跑到书店怒斥工作人员卖与学习无关的书,向他们嘶吼道:"不准再卖给我的孩子!"

这位母亲脑补了孩子看小说会影响学习、会学坏的画面,导致情绪失控,并且将自己教育失误的责任转移到了书店工作人员身上,斥责他们不应该卖这些书,却丝毫没有在自己教育孩子方面寻找原因,也没有看到孩子看此类小说的真正动因。

在很多父母看来,看小说和玩电子游戏、看电视是一样的,都是妨碍孩子学习、变优秀的极大诱因,是非常让他们害怕和紧张的。他们简单地认为只要把这些外在诱因都消灭掉,就可以高枕无忧了,这其实是一种推卸责任、不够成熟、短视的表现。

孩子沉迷看小说,背后必然有某种内在动力,比如兴趣爱好、从众心理、精神寄托等。作为父母,我们应该努力探寻孩子沉迷其中的背后动因,觉察自己教育的问题。若找不到真正的原因,就算这位母亲把书店的小说都烧掉,孩子依然不会专心于学习,而会选择其他的方式满足自己的需求。至于书中是否含有未成年人不适合阅读的内容,则要在亲自调查之后再下结论。

除了上面两种表现外,还有一种就是逃避责任,指自己不敢承担责任,而是选择逃避。

二、责任边界不清的原因

其实这些责任边界不清的表现,在家庭养育中几乎都有迹可循。那么在家庭养育中,哪些行为可能会造成孩子责任边界不清呢?

(一)孩子犯错,仅仅口头训斥,而不让其身体力行

孩子撒了牛奶,妈妈责怪道:"太不小心了,多浪费啊,你知道错了吗?"孩子虽然口头回应"知道了",但是收拾残局的,还是妈妈。

这就让孩子对于承担责任没有一个完整的体验,似乎轻描淡写地承认一下就可以过去了,结果也并不是很严重。案例中妈妈替他承担了责任,他就体会不到那份责任的重量,所以下次还会照样不小心。

(二)"护犊子"

"护犊子"在很多家长看来是一种对幼小孩子的保护行为,但从长远来看,这其实是一种包庇纵容。孩子犯错了,作为家长,不但没有客观地指出孩子的过错,让他去为自己的行为负责,反而包庇他,想办法为他开脱,这对孩子的成长非常不利。

在家庭教育中,有的父母或者隔代长辈非常纵容孩子,不舍

得让孩子受到一点指责。孩子犯错了，就像母鸡护着小鸡一样，站在孩子前面去给人家赔礼道歉或者与对方争理辩驳。孩子躲在身后，不用承担任何行为后果，便更加肆无忌惮、不知轻重了。

有一天，我在小区散步，一个十多岁模样的男孩儿在小区里飞快地骑着自行车玩耍，看见路过的行人也不减速，结果差点撞到一对夫妻，幸亏这对年轻夫妻躲闪得快。社区工作人员在旁边看见了，上来制止孩子，告诉他不要在小区内骑得这么快，他妈妈却说："这不是没事嘛，跟一个小孩子计较什么？"

这就是典型的"护犊子"，这样做会导致孩子看不到自己行为产生的后果，感受不到因自己不良行为产生的责任，进而变得自私自利，没有责任感。

（三）父母混淆责任边界

很多家庭都存在混淆责任边界的情况。

本节开头案例中彤彤的弟弟，因为是家中最小的男孩，从小被过度保护，遇到任何困难都有家人帮忙摆平，最终导致他没有责任边界，只看到自己可以获得的利益，看不清风险和责任，故而不知轻重，莽撞草率，最后栽了一个大跟头。事后，自己不敢承担巨大的责任和后果，延续了成长过程中形成的责任模式，让家人们出面帮忙摆平，搭上了几家人的全部家当和幸福。

所以,如果原生家庭本身就责任边界不清,这个家庭中责任体系的平衡就会被打破,孩子自然也不会明了自己的责任边界,长大之后就可能闯祸累及别人或者去侵犯别人。

(四)控制欲

通常一个家庭里如果有控制欲强的父母,那么这个孩子很可能会没有责任边界,因为控制欲强的父母会替孩子做决定,插手孩子的事情,替孩子解决问题。他们把孩子的一切掌控在自己手中,削弱了孩子的力量和内在能源,剥夺了孩子独立自主和体验责任的权利。如此培养出来的孩子,自然没有责任感。

三、责任边界意识的培养

那么在家庭养育中,如何培养孩子的责任边界呢?

(一)培养边界意识,分清楚什么是自己的责任,什么是别人的责任

身体力行地告诉孩子:自己的责任要自己承担,别人的责任不需要你去承担。

比如孩子上学要迟到了,迟到会有相应的后果,这个后果是孩子自己应该承担的。父母不需要替孩子着急,怕他承受不起教训,因为这不是父母的事情,也不是父母应该承担的责任,把

注意力回归到自己身上,分清楚孩子的边界和自己的边界,就不会焦虑了。

控制欲强的父母,尤其要学会觉察自己。当你想要控制孩子的时候,反问自己:

"这是孩子想要做的,还是我想要他做的?"

"孩子可以独立完成这件事情吗?"

"这是孩子的责任,还是我的责任?"

(二)培养同理心

有些过于以自我为中心的孩子,没有同理心,自己不想承担责任,就把责任推到别人身上,让别人成为自己错误的"替罪羊",丝毫不顾别人的感受。

同理心,就是可以站在别人角度去理解别人的感受和处境。

培养同理心,首先要从小教会孩子觉察自己的情绪和感受,让他体会到自己的情绪和感受被接纳、被允许,并且被理解和包容,等到孩子对于自己的情绪和感受有了良好的体会和表达之后,可以在社会交往中进一步引导他从别人的角度和立场去理解别人的情绪和感受。

(三)把责任还给孩子,让他真切地感受到责任的重量

当孩子犯错时,我们要让他明白没有人是完美的、不会犯错

心理边界（二）——分清你和我，从黏连的关系中走出　第四章

的，要充分接纳和允许孩子犯错，但是不要淡化和试图抹去他的责任。

只有经历过"犯错—面对—承担"的过程，孩子才能真切体会到自己的错误和责任的重量。

上文中考试失利的晶晶，把成绩下降的责任推到妈妈身上，晶晶妈妈也承接了这份边界不清的责任，于是母女俩交锋了好几次，非常不愉快。

在临近高考还有三个月的时候，晶晶妈妈去学校开了一次家长会，回到家一句话也没有说，闭口不谈学校和学习的事情。就这样，晶晶妈妈忍了一个星期，终于晶晶受不了了，主动过来抱住妈妈的胳膊说："妈妈，你快骂我一顿吧！"

晶晶妈妈说："我不会骂你，你自己学习不好，成绩下降，该内疚难受的是你，我为什么要替你承担这份内疚，我把你的责任还给你。"

后来，晶晶自己制订了一份详细的学习计划，利用最后三个月的时间逆袭，终于考入了重点大学。

当孩子犯错时，父母无须马上插手，可以尝试让他自己去解决问题，担起责任，付诸行动，相信孩子有勇气面对责任，并且有能力走出困局。在这个过程中，父母可以提出指导性意见，但是该承担的后果还是要孩子自己去面对，这样才能让他在与现

实的摩擦中真正感知到行为背后的代价,在解决问题和承担责任的过程中探索出为人处世的尺度和边界。

如果孩子表示害怕、担忧,那么父母要看到孩子正常的情绪,提供陪伴和支持,并帮助孩子厘清思绪,提出合理建议。

(四)事后复盘,从问题中学习

每一段经历都是宝贵的。当问题得到解决后,可以跟孩子一起复盘全过程,跟孩子一起思考,他的行为对自己和他人或者周围环境产生了什么影响,这个影响我们要付出什么样的代价去弥补,下次再遇到类似的事件怎样解决会更好……通过复盘进一步让孩子体会责任的重量,进而对这段经验产生更加深刻的感知,同时也培养了他的内在格局。

第二节　守护别人的秘密

在操场上,笑笑悄声对小蔓说:"我告诉你一个秘密,你要保证不说出去哦,我只告诉你一个人。"

"放心,我绝对不说出去。"

小蔓回到家中,"妈妈,今天笑笑告诉了我一个秘密,我想分享给你。"

"那你说吧,妈妈也很好奇,妈妈保证不说出去。"

第二天,小蔓妈妈就把笑笑的秘密告诉了笑笑妈妈。

小蔓妈妈这样做对吗?说出去的秘密,也就不是秘密了,笑笑知道她的秘密被小蔓说出去了,还传到了自己妈妈的耳朵里,那么笑笑以后还会再信任他人吗?

秘密,就是隐秘不想为人知道的事情,也是属于自己边界内的事情。一旦朋友之间互通秘密,说明他把自己最隐秘的部分交换给了对方,这是信任的表现,那接受秘密的一方,也要表现出忠诚,这是交朋友的一个原则。

一、当孩子要和你分享秘密

如果孩子和你分享的是他自己的秘密,就请你尊重孩子,不把这个秘密说出去。如果孩子和你分享的是别人的秘密,这个时候,作为父母,虽然你对别人的秘密也有好奇心,但是请你尊重别人,在这件事上以身作则,拒绝孩子的分享。

案例中,作为接受秘密的一方,小蔓妈妈要做的是告诉孩子,朋友之间的信任非常重要,一定要遵守承诺,比如"孩子,这是笑笑信任你,才跟你说了她的秘密,你既然答应人家,就要遵守诺言,这才是好朋友的做法。如果你违背承诺,人家以后就不会再信任你了,还怎么做朋友呢?"

二、那些被动知道的秘密

生活中的秘密不仅限于对方主动告诉你的心事和事实,还有一些羞于说出口和不想说出口的事情。

有一部电影叫《悲伤逆流成河》,里面的女主角叫易遥,她因为用了一块感染性病的人用过的毛巾,自己也被感染了。为了不让别人知道,于是自己去了小诊所治病,不巧,却被她的同学看到了,她的同学便不怀好意地把这件事说了出去,于是谣言四起。没有人知道她的病是怎么患上的，也少有人表达对她的同情。在别人嫌弃、恶意的眼光和言语攻击下，易遥的自尊心被伤害得支离破碎。

请告诉孩子，当你不小心发现了别人不想说出口的秘密，而且你知道一旦这个秘密被别人知道，就会对他的名声、尊严产生不好的影响，抑或是虽然不会对当事人造成不良影响，但是人家并没有自己公开的意愿，那么就请把这个秘密守住吧，因为这是人家自己的事情，说还是不说，取决于他自己。

三、保护别人的隐私，人人有责

像身份信息、电话号码、家庭住址等这些个人信息，都属于个人隐私，是应该被保护的，若被散播出去，可能会给个体带来麻烦和伤害。所以，我们不妨从小教育孩子，要有个人隐私保护意识，既不把自己的隐私轻易透露出去，同时也要保护别人的隐私。

第三节　朋友之间相处的界限

有一天放学，小伍和妈妈说："妈妈，我不想和若若在一起玩了，因为我看见若若和我讨厌的那个家伙在一起玩。"这个时候，妈妈该怎么引导？

小方是一个成绩还算不错的孩子，但是小方妈妈发现他最近跟班上一个平时非常跳脱，不爱学习就爱玩闹，时常让老师头疼的学生走得很近，便担心小方被带坏。这个时候，应该怎么处理更为妥帖？

亲子之间的相处需要边界，朋友之间也需要边界，不应觉得朋友亲密就可以肆无忌惮了。

第一个例子中的小伍把自己的喜好强加在朋友身上，是一种没有边界感的行为；

第二个例子中小方妈妈的担心是有道理的，俗话说"近朱者赤，近墨者黑"，如果结交了不好的朋友，自己也可能会沾染一些坏的习性。但是，光凭某方面的表现不能断定一个孩子的本质，既然小方被这个孩子吸引，就一定有背后的道理，我们要做的不是侵犯孩子交朋友的权利，而是要先去了解，再下结论，并提醒孩子朋友相处时的边界。

为了帮助孩子认清友情中存在的边界，我们可以这么做。

一、朋友之间也要分清我的事情和你的事情

就像第一个例子中的小伍，他讨厌另外一个孩子，那自己可以不和那个孩子玩。但如果他的好朋友若若和那个孩子比较要好，说明他们之间有相互吸引或者相互需要的东西，不管因为什么而彼此吸引，这都是若若自己的事，跟他人无关。

父母可以这样和小伍说："你不喜欢那个孩子，这是你的感受，若若和他玩得来，这是若若的选择，你要尊重他，而不能去干涉他，或者强迫他不要和那个孩子玩，这样若若会有压力的。当看到他俩在一起感觉不舒服时，你可以离开，去跟其他小朋友玩。"

二、当孩子和"不好"的人相处时

人是复杂的动物，从小教给孩子交往的界限很重要。
当面对第二个例子中的情况，有的家长可能会直接命令孩子:"以后不许跟他玩了,多跟学习好的学生玩。"甚至直接对孩子说:"学习啥也不是,还挺能闹,以后就是个不学无术的人,你跟他混在一起,能混出个啥来?"这个时候,孩子可能会觉得很委屈,觉得你并不了解他。这样做也可能激起孩子的逆反心理,使得孩子直接和你理论,甚至对抗。与其这样,不如在沟通的基础上积极引导孩子。

1. 沟通并倾听原因

两个人走得近,一定是有原因的,很可能孩子是被那个同学的某个特点所吸引,所以在没有搞清楚状况的情况下,不要轻易下结论,而要和孩子进行沟通,并积极倾听,"妈妈看见你最近新交了一个朋友,能和妈妈聊聊他吗?妈妈很好奇。"这样不容易让孩子产生防备心理,从而愿意和你分享他的新朋友。就像小方妈妈,当她得知小方和那个同学在一起是因为他们都喜欢看动画片,而且那个同学非常善良,只是学习成绩不好而已的时候,焦虑的心就可以放下了。

2. 积极引导

平时多跟孩子沟通什么行为是对的,什么行为是错的,努力让孩子从小建立正确的价值观,这样孩子就可以自己分辨别人的哪些行为可取,哪些行为要摒弃。

我们不要把这个人做错了一件事上升到整个人都不好。没有深入了解过,就不要随意评价一个人,就像前面讲"无条件接纳"的时候,要把人和行为区分开来一样,要多方面去看待一个人。

3. 分清优劣,取长补短

告诉孩子,朋友身上的优点,我们可以学习,让自己变得更好;朋友身上的缺点,我们不能学习,尽量不要受其影响,当然也不能嘲笑和指责。因为每个人都有优缺点,我们要懂得尊重和接纳,刻意嘲笑和指责就是不尊重,会让对方心里非常难过,从而影响你们之间的关系。

在孩子与朋友交往的过程中,我们要努力给孩子传递正确的交友观,引导孩子与朋友在相互尊重的基础上互相支持和提升。当然,这是建立在对方人品道德没有问题的基础上,如果对方存在人品道德上的问题,那么告诉孩子,尽量不要与这种人接触,保持适当距离,以免造成伤害。

第四节 把控好语言边界,避免孩子陷入语言陷阱

有些话,看似平常,在生活中常常会听到,但不要小看这些话,它们无形中会触犯别人的边界,让孩子或者成年人深陷其中,难以自救。

我们班有一个学生叫轩轩,胖乎乎的,特别可爱,平时唱歌音准很好,就是学习成绩不理想,找他谈话的时候,他会说:"我笨,学不好,我妈妈就这么说我。"小孩子会把妈妈的话奉为圣旨,认为"妈妈都说不行了,那我肯定是不行了"。

这么小就开始自我否定,这种信念一旦扎根,会限制他未来的发展,抹杀掉他的价值感,使得他的潜力无从发挥。

我和朋友霏霏在回忆小时候时,她说道,小时候有亲戚说她是从粪坑捡来的,气得她当时直哭,她越哭对方反而越高兴。

在我读中学的时候,特别不喜欢和成年人交流,因为即便说

心理边界（二）——分清你和我，从黏连的关系中走出 第四章

了也没有人会理解我，还觉得我的想法太特殊。再加上当时父亲生病，家里气氛压抑，不良的情绪让我更不愿意与外界沟通。有一位亲戚语气充满鄙夷地说我"跟个闷葫芦似的，也不会说话"。从那以后，我似乎更加确信他们都不喜欢我，就更加不愿意在长辈面前说话了。我喜欢玩陶瓷彩绘，给各种卡通陶瓷人物上色，还是那位长辈说我，"多大了还玩这些个东西，真幼稚"。这些话在现在看来都不好听，更何况当时我还是个孩子。

有很多人喜欢拿小孩儿开玩笑，他们不知道小孩儿会当真，会感到受伤，他们只想看小孩儿出丑、害怕，殊不知，这其实是一种边界侵犯。更让人难以理解的是，末了，他们还会跟孩子说："这是在逗你，跟你开玩笑呢，你要是不愿意或者哭了，就是不禁逗。"有的父母还会助长这种歪风邪气，帮人家说好话，跟孩子说"这是人家喜欢你，才逗你"，进一步打破孩子的心理边界。

这些发生在身边的个案，场景都是个体面对个体，属于小面积范围内的边界侵犯，这种层面的语言侵犯尚且会产生一定程度的伤害，遑论那些遭受网络暴力、造谣中伤等大面积舆论攻击的人，他们的心理承受了多么大的伤害，以至于有人会选择放弃生命。

肢体上的伤害是显性的，容易被发觉，而语言给人造成的伤害却是隐性的，常常被人忽略。这种隐形伤害被埋藏在心底深

处,慢慢生根发芽,轻则影响孩子的关系模式、人格养成、自我定位,重则造成无可挽回的损失。

我们追求的言论自由,不能作为攻击和侮辱别人的理由,真正的自由是建立在尊重和克制之上的。可以说,尊重和克制,是语言边界的底线。如果不懂得尊重,就是对别人界限的侵犯,大到网络暴力、造谣传谣,小到恶语相对、嘲弄指责。

这些污言恶语有意无意地侵犯着他人的心理边界,给别人的生活造成了不良影响。尤其是对于心智尚不成熟,自我建构尚且依赖成年人的孩童,可能一句玩笑话就会让孩子对自己的认知,乃至人生道路发生改变。

细细观察,便会发现言语侵犯在日常生活中时有发生,那些像刀子一样的语言可能来自于父母、亲人、朋友、老师或者偶然相逢的陌生人。

一、常见的言语侵犯

1. 贬低

"你真笨""这点小事儿都干不了""啥也不会""一点用都没有""以后不会有出息"等。

背后的语言陷阱:忽略人的多面性、现实的复杂性、事物的发展性,抓住某一行为去侮辱对方,降低整个人的评价。通过

"贴标签"、过于概括化的语言向对方发泄自己的愤怒,直接打压对方的自尊心,贬低对方的自我价值感。

2. 嘲讽

"你也配？""就你这样的,还能考第一？抄的吧""癞蛤蟆想吃天鹅肉""这题你都不会？看看别人咋做的""你考成这样全靠运气"等。

背后的语言陷阱:塑造人格不平等、"我行/他行,你不行"的假象,不以直接攻击侮辱的方式,但变相打击人的自尊和自信,如果孩子心理边界感弱,低自尊,心理边界就容易被击破,从而被激怒、被伤害到,甚至可能会变得不自信,陷入低价值感的陷阱中。

3. 威胁

"你敢告诉老师,我就揍你""你再这样,我就不爱你了""你要是不听话,就把你送到警察局去""你再不去写作业,我就把玩具全扔了"等。

背后的语言陷阱:以强硬的语言或生命安全进行威胁,引起孩子的恐慌,剥夺其安全感,以达到让孩子屈服的目的。

4. 指责

"真丢人""都是因为你,拖累了大家""你脸皮怎么那么厚""不能长点心吗？""你做的这些有意义吗？"等。

背后的语言陷阱:忽略客观事实,用粗暴的语言强硬地让对方认为是自己错了,从而产生愧疚感。

5. 比较

"同样是一个班的,怎么人家就学习那么好,你就啥也不会?""作为哥哥,你还不如你妹妹懂事""人家就是比你聪明"等。

背后的语言陷阱:这种不公平的比较,会让对方觉得自己不配得到别人的关注和喜爱,感觉总是比不上别人,从而变得自卑敏感。再或者被比较者因妒生恨,发展出畸形心理。

6. 玩笑

"你爸爸妈妈不要你了""你是从垃圾桶捡来的"等。

背后的语言陷阱:会让孩子产生被遗弃感和不安全感。

这些都是在日常生活中出现频率较高的语言侵犯,每一种语言侵犯后面都隐藏着陷阱,一旦心理边界不够清晰和坚挺,就容易掉进陷阱里,思维和情绪被这些不好的语言所带动,进而也不能够理智清醒地分析事实。

二、避免孩子在人际交往中受到语言侵犯的做法

1. 在家里创造良好的沟通环境,及时觉察,避免使用语言暴力

父母对孩子动用语言暴力,会导致孩子情绪失调、人际敏感、恐慌、焦虑、抑郁等。孩子在家庭中学习到这种语言暴力方

式,也会应用到自己与他人的沟通交流中,进而造成恶性循环。

作为父母,要给孩子营造一个顺畅、平等、安全的沟通环境,维护好自己和孩子之间的语言边界。

同时,也要帮助孩子树立语言边界意识,让孩子在日常沟通交流中不侵犯别人的界限,也不轻易掉进别人的语言陷阱里,被语言暴力所伤害。

2. 警惕"行走的批评家",保护孩子的边界

身边的很多亲戚、朋友,凭借自己长辈的身份,特别喜欢对孩子指手画脚,居高临下地对孩子评判教育,抑或逗逗孩子,拿孩子寻开心,殊不知,这些言语可能已经侵犯了孩子的边界,久而久之,容易对孩子的情绪和心理造成不好的影响。

帮孩子识别日常沟通中哪些话属于语言暴力,那么他在面对语言暴力时就能够及时觉察到,同时,教孩子用强大充盈的心理能源去抵挡语言暴力的入侵,告诉孩子不要轻易被别人的话语所左右。

3. 当孩子因为语言暴力出现负面情绪时

如果因为在外遭受语言暴力产生了负面情绪,要告诉孩子,及时和父母沟通。当父母得知孩子的情况后,要做到倾听、陪伴,给予孩子完全的情感支持,必要时可请教专业人士,比如心理咨询师。待情绪化解后,帮助孩子理性分析,努力走出困境。

第五节　你认为的好，孩子一定觉得好吗

鑫鑫来到阿姨家作客，阿姨热情地向他推荐了一部电影，并告诉他："这部电影非常好看，我找给你看。"边说边找着电影……

鑫鑫在失落中看完了电影。

为什么呢？因为他想看的是动画片，阿姨却给他推荐了自己喜欢的文艺电影。

很多人都曾做过例子里的阿姨，把自认为好的东西强行推荐给别人。

不顾别人的意愿，强行把自己认为的好"安插"在别人身上，这不是真正为了别人好。

你觉得女孩子跳舞很美，对体态、体型都有所帮助，所以理所当然地给孩子报了舞蹈兴趣班，而孩子实际想学跆拳道。

因为你觉得看漫画、小说对学习没有用，而且会分散孩子的

注意力,浪费时间,所以扔掉了孩子所有的漫画书和小说……

但这一切都是你觉得,而没有问问孩子到底想不想。你把自己的意愿强加到孩子身上,实际上破坏了孩子建立自主权的边界。

既然是兴趣班,就是为兴趣而来。在这个课程里,孩子找到了自己的兴趣所在,他才会乐在其中,才会更加专注地去提升自己,而家长违背孩子意愿强行给孩子报的班,那不叫兴趣班。

试想一下,你喜欢的是中餐,而别人硬要你吃西餐,你也会因感觉不适而痛苦的。有家长会问,漫画书等课外书对学习没有任何帮助啊,为什么要浪费时间在那上面?我觉得,只要是书,当然不包括那些对身心健康有害的书,都是可以读的,这些书在孩子不同能力的发展上会起到或大或小的作用,不只增长知识,更重要的是开阔眼界、激发想象、提升思想境界,再不济,读得开心也是件不错的事。

还有一种情况,就是过度关心。

囡囡穿了件毛呢外套想要出门,妈妈看见了,赶紧把羽绒服拿来给囡囡,"外面多冷啊,你穿那么点儿,感冒了怎么办?"囡囡不想穿,妈妈执意要给囡囡换上,母女俩因此争执了半天,囡囡生气地夺门而去。

"有一种冷,叫妈妈觉得你很冷。"每个人都需要自己独立的空间和自己做主的自由,过度关心也是对别人自主权的侵犯。

冷不冷,孩子自己能体会得到,如果囡囡穿了大衣出去感觉冷了,完全可以自己回来换上厚衣服,妈妈只要尽到提醒的义务即可。最差的结果无非是她因为自己的选择感冒了,那么下次她就会知道,一定要根据温度及时添加衣物。这一切,都来自于孩子自己的体验,父母要相信孩子可以照顾好自己。

通过以上例子我们可以发现很多家长自认为的好,只是把自己的意愿强加在孩子身上,想把他打造成自己理想中的样子。这种行为是一种不尊重孩子的体现,不利于培养孩子的独立人格,会让孩子产生"我做不了自己的主"的内在语言。长期下去,孩子的个性被压抑,无论是在家里,还是在外面,他都不敢提出要求,不敢表露自己内心的声音,甚至不知道自己想要的是什么,进而慢慢迷失自我。

而有些家长基于某种"担心"强制孩子报兴趣班,甚至高考志愿也要按照他们认为好的来,除此之外,他们还剥夺孩子交友、选择娱乐方式的权利等,这些都源于家长自己的焦虑情绪,他们并没有着眼于现实和孩子其他方面能力的长远发展。如果这些事情不按照父母的意愿来,结果会怎样呢?孩子只有选择了自己喜欢的兴趣班,或者专业,他才能在这个选择里体会到最大的乐趣,才会投入更多的精力,才可能达到更高的成就。

如果家庭关系是流动的、通畅的,那么会有利于孩子自我意识的开发;如果家庭关系过于紧张,父母喜欢一言堂,不顾孩子的感受,那么孩子的独立自我就可能会受到损伤。

所以,在事关孩子的问题上,要尽量以孩子为中心,多聆听孩子的意见。比如在报兴趣班的时候,一定要以孩子为中心,因为这是他的事情,要把他的兴趣放在第一位。

如果孩子说"我想学跆拳道和围棋",这个孩子对自己的兴趣点非常明确,那么就按照他的意愿来报名。

如果孩子说"我也不知道自己对什么感兴趣",那么父母可以多带孩子去体验,告诉他"哪一个让你感觉很开心,你很喜欢去参与,就是你的兴趣所在"。

同样地,在孩子未来选择专业、填报志愿方面,也请尊重孩子,因为任何职业都没有高低贵贱之分,只要是靠自己的劳动换取收入,都是值得被尊重的。而且行行出状元,不管身处哪一个行业,只要乐于探索、勤奋努力,在工作学习中体会到了自我价值感,那么都是很棒的。

第六节　环境中的不良因子对孩子成长的影响

环境对一个人的成长有多重要呢？

"孟母三迁"就是一个很好的例子。这个典故讲述了孟母发现孟子因为环境影响而沾染上周围人不好的习气，为了给孟子营造一个好的教育环境，而多次迁徙的故事。

印度发现的狼孩，因为从小和狼生活在一起，所以生活习性和狼一样，昼伏夜出，用四肢行走，怕火、畏光，不会说话，不吃素只吃肉。可见，遗传因素并不是决定人类发展的唯一因素，环境对人类发展也有着重要影响。

一个人就算再聪慧，也很难学到自己经验认知之外的东西，而经验认知是人在环境中形成的，环境会影响孩子的气质、人格、品行、习惯、身心健康，是影响个体成长的重要因素。作为家长，对孩子成长起关键作用的环境因素我们要努力提前觉察和预防。

有些家长认为,虽然他人的一句话、一个行为当下看有些恶劣,比如具有侵犯性,但是小孩健忘,也没有造成什么伤害,就不管了。但要知道,成长不是一蹴而就的,是一个长期的过程,有些创伤是具有滞后性的,它就像一颗种子,被种在心里,现在看起来可能没有什么变化,其实,只是孩子还不懂,或者不知如何表达那种伤痛,等到几年、几十年之后,这颗种子长大发芽,终于破土而出,你就会知道,原来这些伤痛早已被深埋在地下。

孩子的成长环境包括家庭环境、学校环境、社会环境等,除了家庭环境之外,孩子所处时间最长的就是学校环境。家庭环境,我们可以自己控制和调节,但是学校环境是不受我们控制的。在孩子的成长环境中,每天都会有各种复杂的情况出现,有的是积极的,有的是消极的,有些甚至会对孩子心理、生理产生危害,对此我们要做的就是提前觉察和预防。如果发生了比较严重的情况,就积极采取行动,努力帮助孩子度过危机。

如果所处的大环境比较恶劣,不利于孩子的成长发展,破坏了孩子自然成长的秩序,或者环境中充斥着随时可能侵犯孩子边界的因子,而以我们的能力尚不能抵挡侵害,化解消极影响,那么,我们就可以考虑在自己能力范围内换一个更加适合孩子的成长环境。

当然,离开不是解决问题的唯一办法,要视情况而定。

选择离开的原因有两种情况：一种是这个环境的资源和孩子的能力不匹配，比如身心具有缺陷的特殊儿童，这些孩子可能跟不上普通学校的教育，就可以选择去特殊学校进行学习。

第二种是，当身处的环境过于恶劣，乃至影响了正常的学习、生活和身心发展，而自己和父母又无法改变的话，可以选择离开，而不必在这个环境继续消耗下去。换个环境，也许孩子就会有新的起色。

当然，给孩子更换环境需要量力而行，在自己能力范围内，尽量给孩子优良的资源，如果超出了自己的能力范围，并不建议硬着头皮去置换不匹配的资源，因为一个家庭里不是只有孩子，其他家庭成员的工作、生活、感受也同样重要。就像买东西，不一定最贵的就是最好的，适合的才是最好的。择校、择社区、择环境也一样，适合孩子的，并且符合家庭状况的，才是孩子及家庭的最优解。

第七节 摒弃"唯分数论",帮孩子认识自我,筑牢自我边界

为了孩子能考上一所好大学,能有好的前途,很多家庭都在奋斗着。大环境下,"唯分数论"甚嚣尘上,学生们疲惫不堪、迷茫困顿,家长们精疲力竭、唉声叹气,为了好成绩、考高分,为了上一所好大学,大家拼尽全力在争夺国家有限的教育资源之路上一去不复返。

我们来探寻一下背后的原因:

第一个原因是从众跟风,缺乏理智判断和思辨力,接受了外界对于教育焦虑情绪的渲染,守不住自己的界限,被动跟风,毫无主见。

第二个原因是看不到教育的本质,一叶障目地认为"分数即全部",不在乎孩子的人格是否健全,是否拥有一双能够发现美的眼睛,是否有一个能够守住边界并且善解人意的心灵,是否拥

有积极向上追逐本心的品质,最终造成了教育的舍本逐末。

早在 2021 年 7 月 24 日,中共中央办公厅、国务院办公厅就印发了《关于进一步减轻义务教育阶段学生作业负担和校外培训负担的意见》,提出"双减"政策,即有效减轻义务教育阶段学生过重作业负担和校外培训负担。"双减"政策的出台,意在给学生们减负,破除焦虑,真正实现人才分层,让各类人才各归其位。

作为家长,我们要明晰自己和别人的界限,不被别人的焦虑情绪所影响,不盲目跟风和攀比,努力帮助孩子"认识自我""坚持自我"。

首先,要充分尊重孩子的个性发展和心理需求,协助孩子找到他的天赋所在,找到他热爱和感兴趣的领域,找到他擅长做的事情,这些才是成长的重点。

其次,切忌盲目跟风。家长要摒弃"唯分数论"等片面荒谬的观点,自己不盲目跟风,也不催促孩子盲目跟风。要知道每个孩子的能力资质、气质类型、适合发展的职业领域都不一样,提早科学为孩子做职业生涯规划,让他在自己热爱的、擅长的领域发光发热,活出自我,这才是正解,而不是听取别人的片面之词,要知道别人口中的好不一定真正适合孩子。

最后,引导孩子专注于自我。每个人都有自己的生活和使命,不必为他人的人生担责。父母也一样,不必时刻把眼神都锁在孩子身上。

父母能够专注于装扮自己的生活和提升自己,这样既给孩子留有更多的自主空间,孩子从家长身上也会学到自我成长、自我发展。

总之,作为父母,我们应该端正自己的教育观念。要知道,教育是为孩子铺路,丰满他们的羽翼,尊重他们的选择,而不是把他们当作满足自己面子的工具。按照"心理能源之树"的几个要点去培养孩子,让孩子有非常清晰的自我认知,有较强的思辨能力,有乐观向上的内在力量,这样在父母的尊重和支持下,他们自然会成长得很好。

第八节 你的期望是你的需求，不是孩子的使命

在亲子关系中，很多父母对孩子抱有不切实际的期望，让孩子产生了压力，进而导致孩子心理失调，亲子关系也随之出现了问题。比如：期望孩子考到全班前三名，期望孩子获得武术比赛冠军，期望孩子在外人面前时刻保持乖巧懂事的形象，期望孩子在班级好好表现获得老师的青睐，期望孩子考入重点大学，期望孩子长大能成为一名演员、成为一名医生等。

这些期望如果忽略了孩子本身的个性和爱好，那么它们可能并不适合孩子。

对孩子抱有不合理期待的父母，内心往往住着一个弱小的、不够独立的自我，就像一个没有能力满足自己需求的孩子。这样的父母，把注意力和期望都放在孩子身上，一旦孩子没有达到这些期望，就容易引发家庭战争，通常会产生下面这样的恶性循环。

父母对孩子设置了期望→孩子未完成期望→产生落差感→失望、愤怒、伤心→把消极情绪发泄到孩子身上→造成对孩子自尊、价值感的侵犯→亲子关系恶化→增加了孩子的压力、消极情绪和对父母的恨意→孩子的学业、生活、心理、身体产生了一系列问题→父母更加失望、愤怒、伤心。

期望落差最容易产生在与我们有着密切关系的人身上，比如配偶、父母、亲密的朋友，还有你的孩子。

北京大学徐凯文教授曾提出"空心病"这个概念，空心病的表现和抑郁症很相似，但用治疗抑郁症的药物去治疗它是没有效果的。他做过一个统计，北大一年级的新生中，包括本科生和研究生，其中有 30.4% 的学生厌恶学习，或者认为学习没有意义，还有 40.4% 的学生认为人生没有意义，认为"我现在活着只是按照别人的逻辑这样活下去而已"。

我看到过一些网友的留言：

"不明白自己为什么无法感知生活的快乐，觉得一切都没有太大意义。"

"从初中开始，我就苦苦思考人生的意义、活着的意义，却一直没找到那个内心认可的答案，一直郁郁寡欢。不知道自己真正想要什么，又在意别人的看法，就一直按社会主流观点的标准束缚自己。学热门专业从事热门工作，表面一片美好，内心却焦虑苦闷。"

"我从事着一份外人眼里很好的工作，我自己也很感恩上天让我找到了一份不错的能保证我生存的工作。但是，我对这份工作无法从心底热爱起来，它和我的兴趣和潜能方向是相反的。十年了，感觉时间就这样无风无波地滑过，了无痕迹，而我同学在其专业领域已经取得了不错的成就。"

之所以会出现上面这些问题，也许都和他人对主人公人生的掌控有关，这里的他人很大程度上是父母。

父母把自己不合理、不适合孩子的期望强加到孩子身上，让孩子为了他们的期望而活，直接忽略孩子自己的需求和感受，居高临下地践踏着他们的价值感和自尊心，掠夺他们做自己的权利。长此以往，可能会让孩子变得越来越麻木，没有存在感、价值感，自我意志受损，找不到自己的目标和乐趣，严重的甚至会厌学、弃学。

一、父母对孩子抱有过高期望的原因

（一）好与人攀比，满足自己的虚荣心

这类人总是活在一种自我建构的竞争体系当中，乐此不疲地与他人竞争、比较。为了获得胜利的快感或者他人的褒扬，他

们硬生生地把孩子也拉入这种竞争体系当中,借助孩子的成就来得到关注和夸赞。

(二)补偿心理

有这种心理的家长,他们习惯于把自己年轻时未满足的心愿加诸于孩子身上,利用孩子来弥补这个缺憾。

有一位青年演员,她的职业生涯从小就被母亲规划好了。这位母亲把自己年轻时想要当演员却一直未能实现的梦想强加在孩子身上,在孩子还在牙牙学语的时候就开始灌输以后一定要当个"演员"的意识,给她制订考艺术学校的长期计划。这位演员在青春期被独自送往外地学习舞蹈,经过努力,终于年少成名。但由于原生家庭的打压式教育,父母对她长期的情感忽视,导致她形成了偏执型人格,在事业和感情中遭遇了重创,最终在一片唏嘘声中终止了演艺生涯。

父母把自己的期望放在孩子身上,高标准、严要求去教育孩子、训练孩子,这本身就是一种边界侵犯。

(三)放大了对现实的焦虑

成年人经历了生活的种种不顺,目睹了社会的激烈竞争,囿于自身能力和心理容量,把焦虑扩大化,期望孩子成龙、成凤,似乎只有变得无比优秀,考上名校,才能找到一份好的工作,过上比较顺利的生活。

还有的父母期望孩子以后找到一份稳定的工作,他们认为安稳便可应对瞬息万变的社会,而无视孩子到底喜不喜欢这种稳定的工作性质,父母的选择无形中把孩子未来的成长之路变得非常狭窄。

孩子不应该承受任何人的期望,他有自己的价值和热爱,有自己的期望和要追逐的梦想,只有他活出了自我,才能实现最大的自我价值。而真正拥有自我意识的孩子,他们天然地就知道努力的方向,因为他们明晰自己所热爱和擅长的事情,并且具有上进的内动力。这样的孩子家长根本无须焦虑,热爱才是第一生产力,把特长发挥到极致,何愁以后赚不到钱、拥有不了一个精彩的人生?

二、父母应该怎么做

(一)及时觉察,放下期望

当你发现对孩子抱有不合理期望的时候,要及时觉察自己的心理动机,并反问自己:

"这个期望是孩子想要完成的,还是我想让他完成的?

"我对孩子抱有这样的期望,是为了孩子好,还是为了满足自己的需求?

"这个需求我可以做到自我满足吗?"

当你开始觉察的时候,离放下对孩子的过高期望就不远了。

(二)自我成长,把注意力放在自己身上,学会自我满足

父母在陪伴孩子的过程中,除了要及时觉察自己的不当行为和心理动机之外,还要有意识地收回放在孩子身上的过剩的关注,把注意力和时间重新放回到自己身上,去丰富自己的生活,开阔眼界,增进自己的专业能力,做到自我成长,学会自我满足。

当你专注于自我,孩子也就从被控制的牢笼中解脱了出来,这样他会有更多的时间去做自己想做的事情。每个人的注意力都是有限的,当孩子无须再分配注意力去对抗父母的控制、满足父母的期望,他就可以把注意力汇聚到自己应该做和感兴趣的事情上,如此这般,成绩提升、特长发展等可能都不再是难事,亲子关系也会愈加和谐。

(三)给予孩子合理适度的期待

过低或过高的期待都不可取,那对孩子的成长就没有期待、没有目标了吗?

当然不是,未成年人不经世故,思维认知尚不健全,需要监

护人的引导和协助。准确讲,我们需要对孩子有一个"适度的期待",帮助孩子找准适合他的人生方向,防止他走偏,而这个"适度的期待"需要把"从成年人角度出发的期待"转化为"从未成年人角度出发的目标",以最大限度激发孩子的内动力。

这个目标应该怎样设置比较合理呢?可以从以下两方面考虑。

1. 目标的效价高低和完成目标的可能性的高低对于孩子动机强度的影响

国际著名管理大师维克托·弗洛姆提出了著名的期望理论,即 $M=V×E$,翻译过来就是激励力度=效价×期望值。其中 M 表示激励力度,指能够激发一个人去做某事的力度;V 表示效价,指个体判断完成目标事件可以满足个人需求、带给个人的价值大小;E 表示期望值,指个体根据过往经验对自己达到目标的可能性大小的判断。

激励力度和期望值都可以用高低来判断,只有效价这个因素需要我们特别关注。它是一种主观倾向性,弗洛姆认为,"人们对自然结果或状态都有自己的偏好,人们强烈喜好的结果对人们具有正效价,而那些人们避免的结果则具有负效价。"好比同样的东西,对于 A 来说,具有正效价,对于 B 来说,可能就是零效价或者负效价。因个体具有复杂性,气质类型、性格偏向、擅长领域、智力水平等方面都有差异,所以同样的一个东西对不同的人来说,会被赋予不同的意义。

A觉得获得富裕的物质是此生最大的追求,B觉得能够吃饱穿暖就够了,获得爱和尊重比物质更重要。这些人生期待并没有对错之分,只要个体没有为了满足自己的欲望去破坏边界、侵犯别人,那么,我们就认为一切都是合理的,都是有自己的缘由的。

因期望理论最初出现在管理类书籍《工作与激励》一书中,所以它更多地应用于管理行为当中。其实,它完全可以从管理心理领域迁移到教育心理领域,如果用更加偏向教育心理学化的语言描述,可变成:

$$动机强度 = 效价 \times 可能性$$

它们三者的关系见表1~表4。

表1 动机强度、效价、可能性之间的关系一

动机强度	效价	可能性
弱	低	高

当设定的目标效价低,带给不了孩子正向价值,完成的可能性虽高,也激发不出孩子高的动机强度。比如让高中生去做小学阶段的数学题,虽然完成的概率非常高,但是做这项工作对于他们没有任何成就感,提供不了价值,也就产生不了动力。

表2 动机强度、效价、可能性之间的关系二

动机强度	效价	可能性
弱	高	低

当目标的效价对于孩子来说很高,但完成的可能性很低,也就是困难较大,会让孩子产生过大的压力,动机强度也不会高。

表3 动机强度、效价、可能性之间的关系三

动机强度	效价	可能性
弱	低	低

当目标的效价低,甚至会带给孩子负效价,并且完成的可能性低,孩子就更不可能产生积极动机了。

表4 动机强度、效价、可能性之间的关系四

动机强度	效价	可能性
高	高	高

只有当设定的目标的效价可满足孩子一定的需求,带来积极的、正向的价值,并且完成目标的可能性偏高的时候,此时的动机强度才是最高的,孩子最有可能自愿地、充满热情地去做这件事,这样的目标才是合理的。

2. 目标的具体指向

目标效价指向的是行动的人,也就是孩子本身具有哪些需求,而不是别人的期待和需求。如果孩子利用自己的时间、精力

满足了父母的期待,这对于孩子来说是没有效价的,甚至可能是负效价,是一种能量消耗。

从孩子的需求出发设定目标,才是合理的。

这样的目标指向的可能是物质,孩子有了支配财富的自由;可能是安全,自我突破、自我成长之后内心更加有稳定感、力量感;可能是情绪价值,完成某件事感受到了被滋养,很幸福、很愉悦;可能是尊重,满足了被认同、被支持的需求;可能是完成梦想,体会到了自我价值的实现。

我们看到了,目标指向的最根本的东西,按照马斯洛需求层次理论来说,其实是孩子的缺失性需求和成长性需求,而这些需求对于每个人的意义又是不同的。

所以,"考第一""上名校""找到一份稳定的工作"这些并不是孩子所要追求的最终目标,而这些高期待的设定,很多超出了孩子的能力范围,也就是完成的可能性不高。它们不但不会激励孩子,还会带给孩子压力和焦虑情绪。

我们不妨试试这样设置目标:

把"要考满分、考第一、考一流大学"这类高期待变成"在学习中增长知识和见识,体会学习的快乐,感受思维的拓展和跃动,培养专注、创新、团结的精神";

把"希望孩子以后出人头地,给自己争面子,给家族争光"

"以后可以找个稳定的工作""希望孩子读经济管理专业,以后能赚大钱""你考了这么高的分数,又是一个女孩子,当什么驯犬师啊"这类功利化的想法变成"期望孩子以后可以自食其力,致力于自己热爱的事业,在工作中获得快乐和价值感";

把"一年至少读50本课外书""一年至少认识5 000字""背下至少100篇英语报道"这种焦虑化的高期待变成"在阅读中体会乐趣、拓宽眼界、增长智慧、享受当下";

把"女孩子就应该学习芭蕾,体态好、气质佳""每顿最少要吃下一碗饭,每天喝两袋牛奶,这样才能长大个儿"这种"为你好"的期待变成"做你想做的,做你热爱的,并且坚持下去""学会安排好自己的生活,选择对自己有益的资源"的目标。

我们只需帮孩子涂好人生底色,剩下的勾勒和填涂就交给他们自己吧。只要他能快乐地成长,品行周正,自食其力,无论他是想当一名教授,还是想当一名驯犬师,或者想去农村研究水稻,我们都应该允许和接纳他们,并替他们高兴,因为他们找到了人生的方向和意义,并终会在这条自己选择的道路上找到自己的价值和幸福。

第五章

物理边界——
我的地盘我做主

这一章，我们来聊聊孩子的物理边界该如何保护。

物理边界，也可称物权边界，包括具有使用价值并且支配权在孩子手中的物品、具有隐私性质的特殊私有物品和空间，以及金钱的物理边界。

当然，我们讨论的不单单是如何放权给孩子，让他在合理范围内自由行使自己的物权，比起放权，更重要的是在这个过程中要给予孩子充分的尊重和信任，使用得当的方法，让他们内心变得充盈满足，人格得到自由发展，长大后不会因为内在匮乏而疯狂索取，也不会被物质金钱带偏，进而束缚自己的人生。

边界力培养：让孩子在成长中自信又独立

第一节　孩子的物品，父母可以做主吗

我的学生果果有一次非常气愤地跟我说："我爸爸太讨厌了，他把我攒的两千元零花钱都给取走了！"原来是果果爸爸拿了她放在抽屉里的钥匙，私自打开了她的存钱罐，取走了果果存在里面准备给妈妈买裙子的钱。"我太讨厌他了！"果果的眼里噙满了泪水。

像这样未经孩子允许，随意拿走孩子物品的行为在生活中很常见：

孩子在饶有兴致地玩平衡车，别的孩子看见了，嚷嚷道："我也想骑！"于是家长就不由分说地让孩子把平衡车让了出去。

在整理房间的时候，收拾出一堆孩子已经阅读完的书籍，便自作主张转送他人，当孩子回忆起有一本自己非常珍爱的书而四处寻找时，家长便敷衍地说了一句"太占地方，已经送给某某某了"。

第五章　物理边界——我的地盘我做主

"前言"中提到,在一部亲子题材的电视剧中,妈妈把孩子捡回来的狗狗给送走了,孩子找不到狗狗,哭得歇斯底里。

我想,类似的事情应该不胜枚举吧。我也真实体验过那种被掠夺的绝望感受。

小时候,我在阳台养了一只小白兔,每天给它喂食,陪它玩耍,看着它一天天长大。有一天幼儿园放学回来,突然发现兔子不见了,他们告诉我,兔子被送走了。当时我非常伤心地大哭,哭着问他们:"送到哪里了?我要把它找回来!"可是已经不可能了。

所以当看到电视剧中丢掉小白狗的男孩儿哭泣的时候,我非常感同身受。那种无力和绝望的感受至今记忆犹新。

刚毕业的时候,我买了一顶新的棒球帽,棒球帽的前面有个国旗的刺绣标志,是后缝制上去的,我很是喜欢。帽子被旁边的一个女人看到了,她顺手拿过去把看,我并没当回事,看着看着她就抠起前面的刺绣标志来,结果抠开了国旗四个角其中的一个角。我当时很生气,虽然有情绪,但是张不开口,既愤怒又无力,那种愤怒卡在了喉咙里,似乎在喊:"你为什么不尊重我!"

后来通过学习和修炼,我知道了边界,心理能源被逐渐注入能量,才慢慢懂得了反抗。

当孩子感知到自己的物品所有权被一次次剥夺,而弱小的他却无法反抗时,他的安全感和掌控感就会受到重创,保护自己物品的意识和力量也会逐渐削弱。慢慢地,他就会觉得自己的物品可以被随意使用,即便用坏了也没什么关系,被剥夺也无所谓,他没有能力和意识去维护自己的物品所有权。面对别人的边界侵犯,他可能心里会有一丝愤怒,但更多的是无奈和无力。

在没有边界感或边界感弱的家庭里长大的孩子,还会有另一种表现,就是自己可能会随意僭越别人的物理边界。

如果你的家庭里发生了类似的情况,请反问自己:我希望自己的孩子长大之后成为一个有明确物权意识和懂得维护自己物权的人,还是希望他长大以后成为一个随意挪用别人物品、丝毫不珍惜自己物品、当自己物权被侵犯也不懂得维护的人?

如果身为父母都不能帮助孩子维护物品的边界,甚至还要去破坏孩子的物品边界意识,削弱孩子维护自己权益的能力,又凭什么期望孩子长大以后可以坚定地保护自己的物品不受损害和不被剥夺呢?

其实孩子的物权意识在两岁以后就会逐渐产生。瑞士著名儿童心理学家让·皮亚杰提出"认知发展阶段论",他把个体的认知发展分为四个阶段,分别是感知运动阶段(0~2岁)、前运算阶段(2~7岁)、具体运算阶段(7~11岁)、形式运算阶段(11岁~青春期)。在感知运动阶段和前运算阶段,也就是

0~7岁的儿童绝大部分都处于"自我中心主义"的心理状态。处于"自我中心主义"阶段的儿童,他们往往只从自己视角去感知世界,不理解别人的视角与自己的不同,并认为周围的一切都是自己的,都与自己有关,包括父母。这是儿童在进行自我建构的一个特征,这个阶段儿童常常会抢拿别人的东西,不愿意分享自己的东西给别人,认为周围的一切都是"我的",凡事都从自己的兴趣和需求出发,这些行为都说明他们的自我意识开始发展了,同时也伴随着初步物权意识的产生。

在"自我中心主义"阶段,只有体会到了充分占有,"自我"得到充分满足,他才能感受到"自我"的存在,体会到安全感和掌控感。

但是儿童不会一直停留在自我中心阶段,在成长过程中,儿童会通过与环境的交互作用、与伙伴的协同沟通和摩擦碰撞,还有父母长辈的引导,逐渐"去自我中心化",区分主体与客体,自己与非己,接受除了自己之外的其他观点的存在,学会分享,学会尊重他人,学会与社会和谐相处。

我们应该怎样帮助孩子建立物品边界感呢?

一、父母要有物品边界意识,以身作则

在家里,不混淆使用家庭成员之间的物品,比如想要借用对方电脑之前,要先询问并征得对方同意;在外面,也不随意挪用别人的物品,而是做好事先沟通,如果征得了别人同意,用完记得善后,比如有事借用了朋友的车,那么用完要及时送还,俗话说"好借好还,再借不难",这也是对朋友物品的尊重。有物品边界意识的父母,才能懂得如何尊重孩子的物品所有权,同时也给孩子树立好的榜样。

二、尊重孩子的选择

尤其当儿童处于"自我中心主义"阶段这个关键期时,父母要格外注意保护孩子物权意识的建构,不要剥夺孩子的物品所有权,而要充分尊重孩子的意愿。

当别人看上孩子的某样玩具,想要占有时,作为家长,要先询问孩子的意见,比如"昊昊觉得你的小汽车非常好玩,他也很喜欢,想要带回家,你可以接受吗?"如果孩子拒绝,或者总在强调"我的,我的"的时候,我们要知道,这是孩子的自我意识正在发展,他在表达自己的物品所有权。这时请不要强迫他,让他充分体会被尊重和被保护的感觉,因为孩子的物权意识由"物品私有"转变为"物品可分享"是需要过渡和时间的。事后,父母可以与孩子沟通,或者以角色扮演的方式来帮他慢慢理解分享的意义。

三、当孩子拿了别人的东西

如果你发现孩子未经别人允许拿了人家的东西,或者把自己喜欢的东西硬抢过来,有的家长会非常生气。但请先站在孩子的角度思考一下,他们还是不懂社会规则的儿童,也不懂得如何与他人协调索取,这无关乎道德,只是简单直接地认为自己喜欢就要拿走和占有而已。这时往往需要父母的及时介入,帮助孩子初步区分什么是他人的,什么是自己的,告诉孩子怎么做是合理的,避免孩子养成随手拿别人东西的坏习惯。

可以跟孩子说"宝贝,这个不是你的,这是昊昊的,我们不能随便拿别人的东西。如果别人随便拿了你的东西,你会非常生气;同样地,你拿了昊昊的东西,他也会非常生气""宝贝,这个平衡车是他的,不是你的。如果你想要玩他的平衡车,要友好地问他'我可以玩一下你的平衡车吗',如果他同意了,你才能玩",像这样给孩子传递这个东西是他的,不是你的,别人的东西不能随便拿走的观念,然后让孩子自己把拿来的东西还回去并道歉。孩子道完歉之后,家长最好给予鼓励和肯定。

四、事后补救还来得及

如果身为家长的你,已经做过类似把孩子的东西私自送走而引起孩子不满的事情,那么事后还是可以补救的。比如买个一模一样的东西还给孩子,并真诚地跟孩子说:"对不起,宝贝,妈妈当时忘记考虑你的想法和感受了,对此我很内疚,所以买了同样的东西作为补偿,希望你能原谅妈妈。"通常大度的他们会马上接受你的道歉并且高兴起来,因为孩子感受到了你对他的爱意和尊重。

第二节　私密的日记本

日记本，相比于其他物品来说，还有一层额外意义，就是附加了隐私权，类似的还有信件、手机、电脑、抽屉、卧室等。

小新是三年级学生，喜欢写日记。

有一天，他发现放在抽屉里的日记本被人翻开放在了桌子上面，然后爸爸进来针对日记里面记录的内容对他一通批评，小新感觉很受伤、很愤怒。

从那以后，小新再也不敢写日记了，因为他总觉得会被别人看到。

有些父母认为孩子不跟你说实话，没法了解他的生活和学习情况，通过偷看日记、信件、聊天记录可以知道孩子目前最真实的状态；

有的父母认为孩子是不应该有隐私的，在父母面前就应该是个透明人，那样父母才会放心，这其实是不尊重孩子独立性、缺乏边界感的表现。有这种心理的父母,他们潜意识中想要与孩子共生捆绑在一起,他们会趁着孩子不在,伺机当起侦查员,去孩子房间扫描侦查。或是翻翻书包、翻翻抽屉,或是看看日记本,再不行看看手机通话记录、聊天记录,如果还没有达到目的,那么再侦查一下垃圾桶吧,说不定能发现点蛛丝马迹。

"我一进来你就关电脑,在聊什么呢?

"你这些电话都是跟谁打的,把这些人的姓名,男同学还是女同学,都告诉我!

"你的手机都是我给买的,我凭什么不能看?

"你是不是有什么见不得人的事瞒着我?"

孩子的隐私被偷看到,可能会让他产生哪些内在感受呢?

- 你不尊重我的隐私,那我也不会尊重你。

- 我不值得被尊重,就连最亲密的爸爸妈妈都不尊重我,我还能得到谁的尊重?

- 在父母面前,我是没有隐私的,是个透明人,什么都要跟他们说,父母的话一定要听从,我没有自己的空间,因为我是父母的,不是我自己的。

- 走进亲子关系,就意味着没有自我,那是一种窒息的感觉。

这样的边界侵犯,会让孩子变得低自尊,没有边界感,没有安全感和掌控感。孩子长大以后,可能会因此而不懂得保护自己的隐私和物理边界,导致自己的物理边界很容易被侵犯,同时,他也可能不懂得尊重别人的物理边界。

隐私是什么?隐私主要包括自然人的私人生活和不愿为他人知晓的私密空间、私密活动、私密信息。既然是不愿为他人知晓,就意味着隐私是个人意志的一部分,如果被人窥探了去,便是对个体的不尊重,以及对个人边界的侵犯。隐私也是孩子产生自我意识的副产品。

偷看孩子日记本、手机通信记录、聊天记录,都属于对孩子隐私的侵犯,因为你影响了孩子对物品的正常使用权以及隐私权。

有的父母会有顾虑,孩子有事不跟我沟通怎么办?我不偷看他的日记,那还怎么了解他呢?

如果孩子很久不跟你进行深入交流,那么你需要检讨一下自己,是不是在养育过程中对孩子有过忽视、打压等不恰当的行为,或者你的婚姻关系是不是出现问题对孩子造成了影响,导致孩子对你产生了畏惧、不信任,甚至是愤恨,因而不敢与你进行交流。也可能是孩子在长期的打击中已经不知道怎么表达自己了,从而关闭了与外界沟通的那扇门。如果是这样,父母就需要重新与孩子建立亲子关系,待亲子关系稳定后,再进行深入沟通。

想要加深对孩子的了解,让亲子关系更加深入融洽,需要深深地看见与接纳,而不是站在他的对立面,去侵犯他、打压他。如果有人偷看了你的日记、你的手机,对方还强势地说:"看看怎么了!"你内心也一定会不舒服。

所以,学着尊重孩子的物理边界,不要偷看孩子的隐私,这种行为不但会破坏孩子的边界感,还会让孩子对亲子关系产生警惕和嫌隙。

第三节　一个独立空间对于孩子的意义

随意进出孩子房间,不允许孩子锁门;随意挪动孩子房间中的物品;有的孩子为了保护隐私,给自己的房间上了一把锁,回家后发现锁头被砸。这些行为,都构成了对孩子物理边界的侵犯。

有些父母虽然知道孩子不高兴,想静一静,但还是自由进出孩子房间,没有意识到这是对孩子的侵犯,因为在他们的原生家庭中也是没有边界感的。

"这套房子都是我买的,怎么还成了你的房间了?""你老是锁门干什么？防着我们呢?"这样说话的父母看不到孩子的独立人格,他们似乎时刻在监视着孩子,让孩子没有做自己的自由,同时慢慢扼杀掉了孩子的独立性和边界感。

就像上节说的日记本一样,一间独立的房间是属于孩子的私密空间,同样附加了个人隐私权,这个独立的私密空间还有很多其他重要的功能：

在这个私密的物理空间里，孩子可以无拘无束地思考，自由自在地做任何事情，不受打扰，不被评判。当孩子需要安静独处时，就可以在这里进行沉淀。孩子的独立意志得到了最大程度的保护和舒展，这会增加孩子对于安全感的体验；

在这个私密的物理空间里，孩子可以随意地装点墙面、书柜，按照自己的喜好摆放衣物，床单也是自己喜欢的图案，这些都可以增加孩子对掌控感的体验；

在这个私密的物理空间里，孩子可以自在地调节自己的能量，以喜欢的方式释放情绪，而这个空间就像一个树洞，容纳了他的所有情绪和故事，帮助他恢复自己的平衡感；

这个私密的物理空间，可以更好地帮助孩子树立性别意识和隐私意识。当孩子有了性别意识的时候，就要尽量和异性父母保持一定距离，这样更利于他们健康成长。

每一个人，都应该有自己的一方空间，那里承纳了自己的独立想法，承纳了最真实的自己，是身的休息室，是心的栖息地。

一间独立私密的房间对于孩子来说，是个人独立意识的体现，有着特殊且重要的意义。

父母要做的，就是在房子里，无论空间大小，都尽量给孩子留出一方只属于他的小天地。在那里，他可以依据自己的心情和喜好,决定自己的房间是否要上锁,而不受别人的打扰。

当你有事想要进入房间的时候,请先敲敲门,争得他的同意。这样一来,孩子会觉得自己得到了尊重,自己是值得被尊重的。

第四节　孩子的钱,该由孩子自己支配

小时候,收到了长辈们给的压岁钱,会非常欢喜,想象着这些钱应该怎么花。有一次,妈妈跟我说:"这些钱太多了,拿来我给你保管。"结果可想而知,我再也没有见过那些钱。明明是别人给我的钱,为什么都让妈妈拿去了?我一度非常懊悔和气愤,感觉自己的掌控权被剥夺了。

关于孩子的压岁钱和零花钱使用问题,涉及物权边界。压岁钱和平时的零花钱都是父母和其他长辈对孩子的赠与,那么既然物权到了孩子手里,就该由孩子自己支配,这也是自主意识的体现,他们有权决定这笔钱应该怎么花。

一、父母收回孩子压岁钱的几种顾虑

(一)担心孩子不懂得钱该怎么花

其实,父母大可不必担心。据研究表明,小学低年级阶段是

儿童数感发展的关键期。这一时期，儿童的数感会有一个飞跃式发展。通过学校的教育，他们懂得了数字的计算，知道了元、角、分之间的关系，对于自己想要购买的物品有了更加清晰的认识。这时，父母可以放手让孩子自己做主，用压岁钱和零花钱去购买文具、零食、玩具等小物品，也可以引导孩子拿这笔钱去报自己喜欢的兴趣班。这样做不但保护了他的自主意识，还可以将知识学以致用，与生活相衔接，增加生活常识，初步体会到知识的价值并不是一纸成绩单，而是为生活服务，解决生活问题，如此一来，也增加了孩子对学习的兴趣。

随着孩子的进一步学习，当他知道了利息、利率，就可以引导他把钱存入银行进行管理，适当学习一些理财知识，帮助孩子建立理财意识。

(二)担心孩子太小，不会保管，会把钱弄丢

这点很好解决，对于学龄前的小朋友，可以给孩子购买一个带锁的存钱罐，当孩子想要用钱买东西的时候跟父母说，父母取出钱交给他，剩余的钱再放回存钱罐，然后父母陪孩子一起去购买需要的东西。孩子上小学后，慢慢可以独立购买物品了，这时可以尝试把存钱罐的钥匙交给孩子自己保管。孩子再大点后，就可以带他去银行开设独立账户，把钱存入银行进行保管。

(三)觉得压岁钱是一种金钱交换,本质上是自己的

过春节的时候,长辈们会以红包的形式给予小辈们祝福。但有的父母会觉得,孩子收到的压岁钱实际是用自己给出去的钱交换而来的,这就扭曲了压岁钱这一传统形式所蕴含的美好意义。

给其他孩子压岁钱是父母的事情,表达了你对其他孩子的疼爱和祝福,接受压岁钱是孩子自己的事情,压岁钱是其他长辈对孩子的祝福,孩子接受了这份心意,那么钱就属于孩子了,两者要区分开。

二、父母在孩子压岁钱或零花钱方面的两种错误做法

(一)把钱交给孩子,又没完全给

有的父母在孩子怎么花钱这一问题上指手画脚,干预太多,侵犯了孩子的物权边界。

比如孩子想买一辆玩具车,父母会说:

"就知道玩,不知道买点有用的!"

"这个太贵了,不如那个便宜。"

"你都有好多车了,还是买点自己没有的吧!"

这样的零花钱,给了相当于没给,因为钱花在什么地方还是

会受到你的掌控,从根本上讲,你并没有想让孩子真正做主,没有看到他的需求。

如果儿童的欲望经常得不到满足,掌控感被剥夺,那么还可能会让孩子变得在行使自主权上畏畏缩缩、束手束脚,形成纠结、不敢做主的性格。他可能在长大以后仍然会有一种亏空感,以至于花钱买东西畏首畏尾,怕买错,没有主见,或者狂买某样东西以补偿当时的缺失。

(二)以劳动换钱

小焕的妈妈为了教育女儿做家务,给她定了一个规矩:靠自己的劳动挣钱。每完成一项家务,比如洗袜子、刷鞋、拖地等,就给她的储钱罐里放一定量的硬币。

起初小焕当然很积极,但是这种积极并没有激发她想要做家务的主观意愿,而是把她的目标引导到了如何获取金钱上。这样做很容易让她产生做家务只是为了挣钱的想法,体会不到做家务的真正意义。

在一个健康的家庭中,做家务是每一位家庭成员的责任,而不是妈妈或爸爸的责任,因为家是需要成员们共同维护的最温馨的地方。

孩子作为家庭成员的一分子,应该从小培养这种责任感。

父母做好榜样,让他意识到做家务对于家庭的意义,培养他的独立能力,这样他就会积极主动地去承担家务,而不是基于金钱的诱惑去完成任务。要知道一旦诱惑消失,他很可能就不会继续承担家务了。

我曾经在班里实施了一个"代币"(用象征钱币的标记物作为奖励手段)活动,学生完成了某项任务,就给一定分值的积分卡,积够一定分值可以换取相应的奖品。有的学生老老实实做任务积分,而有的学生却起了偏心思,跟别人换代币,甚至偷拿别人的代币。

后来我思考了这项活动的利弊,我的本意是想用代币的方式强化学生的某种行为,当然对于某些主观意愿上想把这项任务完成好的学生来说是管用的,一定程度上增加了积极性,但也很容易让另外一些学生把活动的目标转移到如何获取代币和奖励上,从而想尽各种办法去得到奖励,而不是思考如何用心完成任务,体会做任务带来的乐趣和知识的增长。

所以这种以金钱来强化行为的方式并不是长久之计。就好像一个人的工作如果只是为了赚钱,而不是因为真正的热爱和理想,这样的工作很容易让人觉得枯燥乏味。这样工作的人体会不到工作带来的巨大幸福感和价值感,他们在工作中遇到挫折容易气馁,最终可能成为一个毫无感情的赚钱机器。

三、把压岁钱和零花钱交给孩子支配的好处

- 有利于培养儿童的自我主体意识和物权边界意识。
- 儿童得到了父母的信任和支持,有利于提高他们的安全感和掌控感。
- 有利于亲子关系的建立。相反地,有些孩子会因为父母收走自己的压岁钱和零花钱和父母产生对立情绪。
- 有利于培养孩子的财商。
- 童年体会到一定的物质满足,长大就不容易因为钱的问题而斤斤计较、患得患失,不容易因受到物质诱惑而迷失自我。

我的朋友小迪是个在花钱这件事上十分纠结的人。一件完全在她支付能力之内的衣服,她会思来想去,想买又不敢买。逛街往往空手而归,存款很多,但是没有享受生活的概念。

她说:"我的存款一旦变少,就会非常担心。"

她回忆到小时候想吃雪糕,自己手里有一块钱的零花钱,那时候一根雪糕几毛钱,但每次路过商店就是不敢进去买,因为妈妈总是唠叨:"咱家穷,你要懂事,不能乱花钱。"

说起这些的时候,她黯然伤神起来,可以感受到这部分记忆对于小迪来说是冰冷的。

小迪在童年没有体会到物质上的满足感,妈妈总是在强调"家

里穷,不能乱花钱",给小迪幼小的心灵种上了生存焦虑的种子。

所以即便手里有一块钱的零花钱,即便家里种地又养殖,完全支付得起几块钱的零食,根本到不了吃不上饭的程度,还是不敢花几毛钱去买根雪糕。成年后的小迪依然活在这种匮乏带来的恐惧中。

成长早期的物质方面的满足感以及对待金钱的态度会影响成年后的心态和人生选择。之所以要满足孩子,就是为了不把这颗匮乏的种子种在孩子心里,让孩子不会因为物质、金钱而产生焦虑感,不会在以后的人生中为了物质、金钱而迷失自己的本心,而是让他对物质、金钱有一种天然的平衡感。

当然,我们说的满足,不是无限度的。

四、满足孩子要注意两个方面

(一)量力而行,在自己能力范围内满足孩子

满足孩子的同时也要维护自己的边界,对于超过家庭经济承受能力的物质需求,要耐心和孩子解释清楚,但是不要把焦虑情绪传递给孩子。

切记不要在孩子面前抱怨"家里穷""生活太苦了""我们比不过人家的生活""你要知道给家里省钱""你要懂事听话,不乱

花钱",因为家里的经济基础和生活状况是父母的责任和课题,"穷""苦""难"不是孩子导致的,要保持好边界,孩子不应该承担因为家庭经济状况不好带来的消极感受和内疚感,给他们明净开朗的童年记忆蒙上一层灰,这样会让孩子变得自卑和消极,长大后更容易在金钱上缺少安全感,就像上文中的小迪。

可怕的不是"穷",而是父母对待"穷"的卑微消极态度,对待"金钱"的局促认知,这种态度和认知才是导致孩子自卑、影响孩子心态的真正凶手。

正确的做法是,坦诚地告诉孩子,目前我们家的经济情况是怎样的,每个月都要在哪些方面开销,可供你支配的零花钱有多少,这些零花钱你可以随便花,买自己喜欢的东西,爸爸妈妈不会插手。如果你想要的东西超支了,可以跟爸爸妈妈说,我们再一起想办法。

作为家长,我们应该努力培养孩子君子坦荡、不卑微、不消极的物质金钱观,即便消费水平有限,我们也可以接受现实,在允许的范围内得到最大化的物质满足,实现最大化的快乐和幸福。

(二)看孩子的需求是否合理

如果是不合理的需求,也不要姑息放纵,应敏锐地发现孩子不合理需求背后的心理动机。

男生小米喜欢与人攀比,买球鞋一定要某某大牌的,并且要是班里最贵的。父母不满足,就哭闹,生气了还会辱骂父母。

小米这种需求就是不合理的。买球鞋既不是为了使用价值,也不是为了审美需求,而是与人攀比,为了让别人高看自己一眼,获得关注。试想,一旦被别人比下去了,小米会怎样?可能会有很强的失落感,会恐慌,会觉得没有人注意到他,似乎他被抛弃了。小米之所以这样想,可能与他成长早期没有获得价值感和安全感,没有被无条件积极接纳过,从而想通过攀比的方式获得关注有关。

当孩子出现不合理需求的时候,父母要做的是弥补他内心的缺口,调整他的心态,而不是过度满足。

所以,放心地把压岁钱和零花钱留给孩子,让金钱在孩子的成长里不只是担任一种以钱换物的角色,更多地带给他相对充足的物质满足感和充分的精神滋养,带给他信任感、安全感和掌控感,这样,他会更坦荡地面对这个世界,不会计较一时得失,不会患得患失,对于自己物质边界的掌控也会更加游刃有余。以此为依托,他才能把注意力放在自身成长、情感需求和自我实现上,这才是给予孩子金钱自主权的意义。

第六章

其他边界——
这些边界也不可忽视

除了心理边界和物理边界之外,生活中还有一些边界需要我们重视,比如身体边界。孩子的身体由于外界因素受到损伤,除却一部分不可抗力因素外,还有一部分是因为他们不知道如何防御和反抗,甚至不知道自己的身体正在遭受伤害。或许黑手就隐藏在并不遥远的阴暗处伺机而动,因此,帮助孩子从小树立身体边界意识变得异常重要。

除了身体边界外,还有孩子不久可能面临的或已经发生的"早恋"问题、"臭美"问题等,父母应该如何把握边界才是科学合理的。还有公共场所里的秩序边界等,这些边界的确立,让整个社会更有秩序,为我们自由舒心的生活提供了保障,它们的存在让整个社会变得更加和谐美好。

第一节　建立身体边界

在现实中，不少父母忽略了儿童身体成长的正常发展规律，没有在性别意识关键期对孩子进行性教育，引导孩子建立身体边界。

一、在帮孩子建立身体边界方面，千万不要这样做

（一）亲密动作的不当示范

在早期家庭教育当中，尤其是孩子性意识萌发关键期，父母应该以身作则，尊重孩子的身体边界，帮助孩子树立身体边界意识。然而很多家庭里，父母并没有给孩子作出良好的示范。

有一天，我在办公室批改作业，娇娇很不开心地过来跟我说："老师，涛涛刚才把嘴嘬着，就像这样靠近我。"边说还边做了一个嘬嘴要亲吻对方的动作。

我说："你不高兴了是不是？那你拒绝他了吗？"

娇娇说："我拒绝了。"

我说:"他这样做的确不对,你保护了自己,做得很好,我会找涛涛告诉他以后不要这么做的。"

接着,我把涛涛叫了过来,问他:"你刚才是要亲娇娇吗?"

涛涛说:"嗯,我们是好朋友,我喜欢跟她玩才那么做的,我妈妈也经常亲我。"

事后,因为这一行为涉及家庭教育,我把这件事告诉了涛涛的妈妈,妈妈听到后大吃一惊地说:"是吗?有这回事?!"

原来,涛涛妈妈为了表达对孩子的爱,尽管孩子已经不小了,还经常亲吻孩子,不经意间侵犯了孩子的身体边界,给孩子造成了一种身体边界模糊的感觉。就这样,父母树立了不好的榜样,孩子也有一学一,用这种行为方式对待别人。

(二)为了获得别人的好感,默许或应允别人对孩子身体边界进行侵犯

在生活中,经常会看到这样一幕,有长辈要抱孩子,孩子如果反抗,父母就不高兴地说:"怎么这么不招人喜欢呢,人家抱你还不乐意。"孩子的感受未被接纳,反抗意识被父母打压,久而久之,他们会认为不接受长辈的行为就得不到爱,从而降低自尊,强迫自己压制自我意识,把别人对自己的喜爱当作至高无上的荣誉,甚至形成讨好型人格,只懂得听话做个乖孩子。这样的孩

子往往不懂得拒绝,身体边界模糊,若遇到不怀好意的人,可能都不会反抗,甚至不知道这是一种侵犯。

(三)异性父母或隔代养育者毫无边界的暴露

11岁男孩小骄,从小在爷爷奶奶身边长大,奶奶的身体边界意识比较模糊,譬如当小骄在家的时候,她上厕所不关门,在孩子面前换衣服,小骄长这么大一直和奶奶一起睡觉,洗澡也是奶奶帮着洗。这些行为对小骄造成了不良影响,导致小骄在朋友家上厕所也不关门,让人十分尴尬。

在性意识萌发期,如果异性父母或隔代养育者把握不好与孩子的身体边界,在孩子面前频繁暴露身体,会对孩子的心理造成不良影响,家长要引起重视。

二、科学帮助孩子建立身体边界,你可以这样做

(一)把握性意识发展关键期,提前进行性教育

"性"话题的隐晦,以及性教育的缺失,使得很多孩子没有在性意识发展关键期了解到必要的性知识,不能更好地保护自己。

在家庭教育中,父母应该从小培养孩子的身体边界,告诉他,头发、皮肤、脸颊、各个器官、私密部位等都是身体的一部分,是受自己掌控的,别人说了不算。如果有人想要触碰你的身体,

第六章　其他边界——这些边界也不可忽视

比如有人要摸摸你的头，捏捏你的脸，这些事情如果你不愿意，完全可以坚定地拒绝。

在引导孩子建立身体边界的时候，应特别强调私密部位的安全性。对于男孩而言，生殖器官和屁股是私密部位；对于女孩而言，胸部、生殖器官和屁股是私密部位。私密部位是不可以让别人看见、触碰的，甚至谈论也是不可以的。除了一些特殊情况，如医生在看病的时候可以触碰。在家庭养育中，我们应该做到以下几点：

- 不带男孩去女厕所、女更衣间、女浴室，不带女孩去男厕所、男更衣间、男浴室。
- 孩子三岁后，可以考虑逐渐和父母分房睡。
- 洗浴时，应由同性长辈陪伴和帮忙，异性长辈在孩子三岁以后要回避，且尽早教会孩子自己洗澡。
- 异性父母不要在孩子面前更换衣物、开门如厕，不要暴露私密部位。
- 如果孩子拒绝父母的亲吻和拥抱，就要尊重孩子的意愿。
- 孩子如果不愿意被外人拥抱、触摸，但尚没有能力拒绝，父母要及时出面维护孩子的身体边界。

夏瑞·米勒绘制的绘本《别摸我头发》很好地展现了如何教孩子保护自己的身体边界。主人公艾瑞儿长了一头茂密蓬松的头发,她喜欢把头发做成各种发型,但是问题来了,别人也很喜欢她的头发,就想去触摸,甚至不经过她本人的同意,这给她带来了很多烦恼。艾瑞儿想了各种办法把头发藏起来,她把自己伪装起来,藏到水里、森林里、高高的城堡里,可是都失败了,终于她找到了一个别人再也不会发现自己头发的地方——孤岛,但是孤独感也随之而来。终于,她受不了了,决定回家。当别人再次把手伸向她的头发时,她喊出了那句深藏已久的话"不要摸我的头发"。之后的一段话说得非常好,"这是我的头发,我很高兴你们喜欢它,我也喜欢自己的头发。可是,没经过我的同意,请你们不要摸它,只是看一看就好,可以吗?"从那以后,再也没有人随便摸她的头发了,如果想摸她的头发,都会提前问一句:"我可以摸一摸你的头发吗?"

面对别人在未经允许的情况下想要触碰自己身体的行为,隐藏和逃避都不是办法,只有坚定地拒绝和维护自己,表达出自己的主体意愿,这才是关键。

除了绘本外,我们还可以借助性教育短片,它们以动画片的形式,生动有趣地向孩子们展现了如何保护自己的私密部位,辅助孩子树立性安全防范意识。

(二)教给男孩子要尊重女性

我们希望,在教给男孩子保护自己的同时,也要告诉他们,要从小懂得尊重女性,在与女性相处时要守住边界,保持安全距离。

同时,父亲要在家里做好示范。父亲要尊重母亲和家庭里的其他女性,教给孩子对待女性的正确方式。

(三)从小帮助孩子建立心理能源树

一个人气场的强弱、心理能量的充沛与否,是可以通过他的肢体语言透露出来的。

加拿大心理学家乔丹·彼得森在《人生十二法则》中提到,有些通过肢体语言体现的正反馈环也可以发生在社交当中。如果你垂头丧气、萎靡不振,那么你也会感到自己渺小和挫败,而他人的反应更会放大你的这种感觉。人和龙虾一样,都会根据身体姿态来评估彼此,如果你显得失败,那么别人也会把你当失败者对待。如果你笔挺站立,人们也会用不一样的态度对待你。

心理学家、精神病专家凯文·达顿在《异类的天赋》里提到过,一个具有反社会人格的人可以通过人的走路姿势判断对方是不是一个合格的"受害者",这一特点在对临床精神病人的研究中也得到了证实。

在现实生活中,也不难发现,那些自卑的、挫败的、警惕的、对环境不接纳的人,通常会低头、含胸、驼背、双臂蜷缩、双目无神,给人以隔离、防御的感觉,没有生气。而自信的、充满安全感的、喜欢探索的、内在能源稳定的人,通常会抬头、挺胸、双肩放开,给人以开阔、放松、稳健的感觉。

所以,一个人的气场强或弱,心理能源匮乏还是充沛,是可以通过走路姿势、举止体态等肢体语言透露出来的。边界感弱、心理能源匮乏的人在一定程度上确实会增加遭遇风险的概率,而同样作为被侵犯的目标,那些心理能源充沛的人会更加有力量去防御和反抗。

所以,在儿童成长早期,就注重培养孩子强大稳固的内在能源,其重要性不言而喻。

第二节　孩子"早恋"了，怎么办

"早恋"通常指18岁以下的青春期恋情，它往往被认为是一个隐晦的带有否定色彩的词汇。很多家长认为上学期间的恋情充满着不确定性和危险性，面对孩子"早恋"，他们或是不知所措，或是采用否定打压的方式，强硬切断孩子与对方的联系。

恋爱是什么？

恋爱是两个人互相爱慕的表现，是一件美好的事情。好的恋情，可以帮助人成长，因为这份爱指向了除自己之外的人，它让人学会了如何去爱，如何给予爱。

在恋爱过程中，双方互相品尝到了亲密关系带来的甜蜜，得到了愉悦的精神感受，彼此获得了精神支持。同时，在磨合中各自找到了与异性相处的方式，培养了为对方负责的责任感。

很多父母通过否定打压的方式让孩子对恋爱抱有一种羞耻感、压迫感，强硬地不让谈恋爱，这样孩子便可能不知道在恋爱当中如何与异性和谐相处,不会处理彼此之间的分歧,不敢承担爱情中的责任,以及不能承受爱情破裂之痛,进而对他以后的恋爱和婚姻道路产生影响。

其实从正常的身心发展规律来看,恋爱并不是一件十恶不赦的事。

一、发生校园恋情的原因

(一)正常的性萌动

随着生理发育逐渐成熟,伴随而来的性心理也逐渐发生变化,孩子开始产生关于两性方面的情绪情感体验。被某个异性吸引,从而产生了好感和爱慕之情,渴望与对方接触建立更深的感情链接,这些都是正常的青春期性意识萌动的表现。

(二)父母缺位

小琴今年15岁,本来成绩优异的她,和一个辍学男子谈起了恋爱,自己的成绩也直线下降,并且开始逃学。她的原生家庭四分五裂,父母离异,父亲缺位,母亲再婚。

父母的缺位或不恰当的教育方法,让孩子在家里没有得到足够的关注和爱,这时,心灵饥渴的孩子便可能向外界寻求关爱,以此填补心灵的空缺。

（三）刻意模仿

电视、网络、书籍等各种媒介上的关于恋爱的信息，使得认知和判断力尚不成熟的孩子产生了好奇心，刺激了性意识的发展，促进了他们对恋爱行为的模仿。

（四）从众心理

把谈恋爱当作自己的谈资，进而使得自己在团体里获得一定的地位和关注度。比如我在班里听到一个孩子说"我已经交了两个女朋友了"，另外一些边界感不强、没有自主意识的孩子便很容易受到影响，从而模仿。

基于"刻意模仿"和"从众心理"产生的恋爱通常不具有深刻性和迷恋性，及时引导最重要。由"正常的性萌动"发生的恋情，非常需要我们的理解和呵护，外加及时的引导。需要警惕的是"父母缺位"导致的恋情。因为没有得到过足够的爱与支持，使得他们非常缺乏爱和安全感，所以会花很多精力在恋爱上，可能别人给了一点好处和关心，就跟对方谈起了恋爱，并且沉迷其中，不能自拔。如果遇见价值观正、有边界感的人还好，如果对方价值观不正，且缺乏边界感，那么被吸引的孩子可能会由于缺乏边界意识，导致恋情对学习和生活，甚至身心健康产生不良影响。

二、孩子上学的时候谈恋爱,会耽误学习吗

如果谈恋爱是耽误学习的理由,那么交朋友、打电子游戏、看小说、打篮球同样可以成为分散注意力、影响学习的理由,因为这些活动都会占用孩子的时间和注意力。

其实,重点不在于这些外在因素,而在于孩子是否有自控和平衡能力,是否可以很好地掌控自己的精力和时间配比,并和异性保持合理的边界。

青春期的恋爱的确容易让人沉迷,由于未成年人没有社会阅历和恋爱经验,所以这份青涩美好的懵懂体验才需要成年人的呵护和正确引导。

一个主体性强的孩子,对自己的未来有着明确目标,他们往往明白恋爱可以,但是学习知识技能和发展相关能力也很重要的道理,因为这关乎个人未来的发展,自己需要为步入社会做好积累。

一份好的恋情,绝不只限于谈情说爱,而是基于双方有正确的价值观、人生规划和边界感,这样的恋情是同频的、向上的,是彼此独立又互相促进的。同时,对异性产生好感,也是自我意识发展的一部分,得到父母理解、引导和祝福的校园恋情,在一定程度上会增加孩子对自己人生、对爱情的安全感和掌控感,进而

为成年后的婚姻关系打下基础。

而得不到父母理解,甚至被打压的校园恋情,可能会导致孩子压抑自己的天性,对亲密关系产生恐惧和隔阂,或者因为得不到尊重,使得亲子关系出现嫌隙,孩子的自尊心受到伤害,一旦处理不好,还可能会让孩子患上心理疾病。有的孩子还可能因为父母的强力反对发生"罗密欧与朱丽叶效应",即当双方恋情受到诸如父母、老师等外力的干扰和阻挠时,他们的恋情反而更加强烈、牢固。

三、孩子发生了校园恋情,父母该怎样应对

(一)保持平常心

以平常心对待孩子的校园恋情,给他传递这样一个信号:对异性产生好感是非常正常且每个人都会经历的事情。这样,孩子在父母的态度中就会知道,对异性产生好感并不可耻,也不可怕,是正常的,可以被接纳的。

(二)提早进行性教育,加强身体边界意识

进入青春期,孩子对于性的理解更加深刻了。这个阶段,除了接纳他的这份情感之外,还要告诉他在和异性接触的过程中,要保护好自己和对方,不要在公共场所有亲密动作,保持好身体

边界。这些都可以客观、科学地讲给孩子听,再辅以法律常识。我国相关法律指出,只要与未满14周岁的未成年人发生性行为,不论是否自愿,都涉嫌犯罪。提前给孩子灌输法律知识,让他们有所敬畏,懂得交往的底线,如果遇到问题,还可以拿起法律武器维护自己的合法权益。

(三) 勤沟通

如果你跟孩子的亲子关系非常顺畅,孩子就会很愿意和你沟通他心仪的对象。

在沟通中可以有意识地做到四点:

第一,适度分享自己的恋爱经验,帮助孩子认识什么可以做,什么不可以做,可以做和不可以做的原因是什么。

第二,在沟通的时候尽量去了解他们之间喜欢的程度,一旦他们之间出现危险信号,比如对方的言辞伤害了孩子的自尊,对方提了分手,被拒绝等,要及时给予正确的引导。

第三,既要尊重和接纳孩子的情感,也要尊重让他产生好感的对象,不要给对方贴负面标签,因为这会阻断他和你沟通的意愿。

第四,引导孩子化好感为动力。比如孩子很欣赏对方身上的某一品质,我们可以借机引导孩子,懂得欣赏别人的同时也要不断丰盈自己。

（四）培养责任感

当孩子再大一点,有了一定的思辨力,还可以与孩子对爱情的本质进行更深层的探讨,让孩子对他们眼中的爱情有一个更加清晰和辩证的认识,培养他们在爱情中的责任感。

认知心理学家斯滕伯格提出了爱情三角论,认为爱情由三个基本元素组成,分别是激情、亲密和承诺。激情是想要相互靠近的"来电"感;亲密是在爱情关系里面体会到的积极情感体验,比如陪伴、支持、互动等;承诺是理性成分,是维持关系的担保和责任。斯滕伯格认为,缺乏任何一个元素,都不能称之为爱情。

根据这个理论,我们可以告诉孩子,不是简单的相互喜欢就是爱情,还有一个重要的理性因素叫承诺。恋爱不是玩过家家的游戏,我喜欢你、你喜欢我就够了,要让孩子明白身处爱情的双方对彼此是负有责任的,就像婚礼上的结婚证词说的那样,要能给对方一个长期相处的理由,可以保护和支持对方,给对方幸福的保障。学生阶段,自然是不能带给对方什么承诺的,因为自己还没有独立,所以现阶段,最重要的就是培养能力,这样在成年以后才有底气向对方做出你的承诺。这样,慢慢把孩子的思绪拉回到现阶段最重要的任务——学习和自我发展上。

第三节　孩子这么"臭美",会影响学习吗

美丽,是一个让人心情愉悦的积极词汇。山川湖泊,一草一木,彩云追月,熹微晨光,大自然中的每一件艺术品都有自己独特的美感。生活充满坎坷,我们更要学会拥有一双发现美的眼睛和一个感受美的心灵,让它们帮我们贴近美好,贴近幸福,贴近丰盈。所以,靠近美,是每个人都拥有的权利。外表美,也是其中之一。当一个人越发有力量,他的生命力越强,那么不管他的内在还是外在,都可以透露出璀璨的光芒。

我有一位朋友阿辰,每次见面她都会精心打扮一番,精致的妆容、乌黑浓密的长发,或优雅或活泼的穿着搭配总能给人以新鲜欢愉的感觉。她尽情舒展着自己作为女性的魅力,并乐在其中。

一个能量充沛、边界感强的人,足够爱自己,也能给予别人爱,就如阿辰一样,日子过得舒展自如。他们有足够的能量对自己进行形象管理,展现自己的美,认真地爱惜自己,用美去回应生命的馈赠,用美去表达自己旺盛的生命力。

马斯洛需求层次理论显示,"审美需求"仅次于"自我实现的需求",它既包括事物外在的审美需求,也包括自身内在美的需求。所以,在自己的形象管理上有一定的追求,是正常的,且属于高等层次的需求。

"爱美之心,人皆有之。"看来喜欢美是人的共识。美往往可以获得更多的正面反馈,正面反馈又会刺激孩子对于自我意识的确立,对自信的培养大有裨益。

所以,尊重孩子天然对美的追求和打扮自己的权利,只要他不伤害自己的身体,不在日常生活中打扮得过于夸张,并能保证自己的安全和底线,让他们自由地舒展自己的生命力,何乐而不为?

而现实中,很多家长对于女孩子爱美有一种不良的刻板印象,容易投射一些负面、落后的思想到那些爱美的女孩儿身上。他们不能正视"爱美是一种天性"的事实,在教育过程中不断打压着孩子。他们为什么这样做呢?究其原因,主要有以下几点。

1. 耽误学习

有些父母担心孩子把精力放在穿衣打扮上,会耽误时间,影响学习。

这其实是一种刻板印象,要知道,天性长期被压抑、需求得不到满足的孩子,自身的能量流动不会通畅,这样下去,孩子的学习也容易出问题。

2. 担心发生校园恋情，或者被不良居心觊觎

爱美之心和要谈恋爱不一定是挂钩的。有着正常心智和心理健康的孩子，他们内心丰满，不缺少关注和爱，通常不会通过向外寻找爱情来弥补自己的内心空洞，更不需要通过外表美去赢得别人的注意，因为他们确信自己的存在就是有价值的，是被人喜欢和接纳的。

至于担心被不法觊觎，就要提早帮孩子树立安全防范意识，比如不要一个人走夜路或去人少的地方，不要接受陌生人的好意和邀请，懂得用法律维护自己的合法权益等。更重要的一点是，那些边界感强、心理能源充沛的人，是不容易被恶意侵犯的，因为他们有强大的气场，他们会勇敢地拒绝边界入侵行为。

很多人对女孩子的形象管理有着很深的偏见。事实上，孩子对于美的追求得到了父母的接纳，最终才能形成自己的审美，人格才会更加整合统一。

如果担心孩子爱美而耽误学业、早恋、被觊觎，父母就要有意识地进行自我觉察了，这份焦虑或羞耻感也许都是头脑中幻想而产生的，并没有实际发生在自己孩子身上，所以不需要如临大敌，不要为没有发生的事情焦虑。

希望未来的孩子们，不但拥有丰盈舒展的内心，也拥有装扮自己，进行形象管理的权利，无论何时何地，都可以随心随性，尽情抒写自己的美好。

第四节　校园欺凌

某初中一男生被另外几个男生堵在水房揍了一顿,当时他并没有反抗,隔壁宿舍同学看到后调节了一下,暂时结束了暴力冲突,但是被揍男生的心理伤害一直持续……

某高中女生宿舍中一女生被其他女生孤立,言语挤对,她一说话就冷场,平时任何活动都不带她,还时不时会发现自己的物品被扔到地上或者丢失。这些问题给她造成了很大的心理困扰,让她一度抑郁。

校园欺凌多发生在身心还不健全的孩子身上,对孩子心理成长、人格养成是非常不利的。它会让被欺凌的孩子变得胆怯、自卑、敏感、冷漠,安全感和自我价值感降低,对生活失去掌控感,厌学逃学,严重的还可能会造成人格障碍,患上抑郁症等心理疾病。校园欺凌是一种严重的侵害边界、有损学生身心健康的行为。校园欺凌不限于肢体冲突,还包括语言侮辱、恐吓、嘲弄、联合其他同学排斥、孤立、破坏、抢夺财物等行为。

作为父母,我们应该怎样预防和应对孩子被欺凌呢?

一、预防欺凌,寻求帮助

我们要提前给孩子打好预防针,引导孩子建立反欺凌意识。

首先,告诉孩子,尽量在校内校外结伴同行,避免单独行走,不去无人或人少的地方。其次,当被身材比自己高大的人欺负时,可以口头提出警告:"你这样做是犯法的!"如果欺凌者不听,千万不要硬碰硬,可以拖延时间,寻机逃跑,到人多的地方,或者伺机发出求救信号。最后,如果在学校内、外有人欺负你,被警告说:"这件事不许告诉家长!""如果你告诉老师,那你就完蛋了!"这是一种言语威胁,不要被恐吓到,因为只有家长和老师才能想办法阻止他们进一步过激的行为,如果不阻止他们,以后很可能会受到持续性的更大的伤害。

二、与孩子建立信任,拒绝"受害者有罪论",重视异常行为

如果孩子回来跟你说"今天某某欺负我",有的家长可能会觉得这不是什么大事,也就不会在意,或者秉着"受害者有罪论"的态度反问一句:"他怎么不欺负别人,就欺负你呢?"把责任推到了孩子身上。这些都是家长不信任孩子,边界和防范意识不

强的表现。当然不排除也可能是因为孩子做错了事才引起了冲突。不管怎样,当孩子跟我们说有人欺负他时,我们都应该先调查了解事实经过,再下结论。

"他怎么不欺负别人,就欺负你呢?"这样类似的话,本身就很伤人。欺凌者单方面为恶的原因有很多,比如孩子长得太漂亮,学习太好,家里富裕,长得太胖,说话声太大,不小心碰了他一下,等等。所以,人的恶意很多时候也不是因为你有过错才找到你,而是作恶者主观单方面产生的。希望不要再有主观的"受害者有罪论"的思想了。不管怎样,受害者是应该被保护的,而不是在外面受了委屈,回到家后非但得不到理解,还要受父母的指责。当孩子觉得你不信任他,还指责他的时候,下次再遇到危险,他就会缄默不言。万一孩子哪一天真正接受了"受害者有罪论"的设定,觉得"都是我的错""没人会帮助我",破坏了孩子天然的边界感,那下次再遇到侵犯,后果就不堪设想了。

同时,父母一定要重视孩子在家里的异常行为,比如身体莫名其妙出现伤痕;情绪低落、沮丧,变得孤僻,不愿与人交往;有厌学情绪;经常做噩梦;孩子的财物经常遗失等。当出现了这些异常行为,很可能是孩子在外面被欺负了,又不敢说出来,这个时候要耐心与孩子进行沟通,了解事情原委,安抚内心,给予孩子足够的安全感和支持,帮助孩子共同解决问题。

三、拿起法律武器维护孩子的合法权益

校园欺凌已经涉及法律问题,《中华人民共和国未成年人保护法》第一百三十条对学生欺凌进行了明确定义,即"学生欺凌,是指发生在学生之间,一方蓄意或者恶意通过肢体、语言及网络等手段实施欺压、侮辱,造成另一方人身伤害、财产损失或精神损害的行为。"

校园欺凌的法律处罚结果因欺凌行为的严重程度而异。如果未达到刑事犯罪的程度,依据《中华人民共和国治安管理处罚法》相关法律对欺凌者进行拘留、罚款等处罚。如果严重到构成刑事犯罪,则会受到刑事处罚。

《中华人民共和国刑法》第十七条指出,"已满十六周岁的人犯罪,应当负刑事责任。已满十四周岁不满十六周岁的人,犯故意杀人、故意伤害致人重伤或者死亡、强奸、抢劫、贩卖毒品、放火、爆炸、投放危险物质罪的,应当负刑事责任。已满十二周岁不满十四周岁的人,犯故意杀人、故意伤害罪,致人死亡或者以特别残忍手段致人重伤造成严重残疾,情节恶劣,经最高人民检察院核准追诉的,应当负刑事责任……"

《中华人民共和国刑法》第二百三十四条指出,"故意伤害他人身体的,处三年以下有期徒刑、拘役或者管制。犯前款罪,致

人重伤的,处三年以上十年以下有期徒刑;致人死亡或者以特别残忍手段致人重伤造成严重残疾的,处十年以上有期徒刑、无期徒刑或者死刑。本法另有规定的,依照规定。"

任何组织和个人发现校园欺凌,都有权劝阻制止或向公安、民政、教育等有关部门提出检举报告,追究欺凌者的相关责任。

第五节　公共场所里的边界感

在公共场所中,陌生人之间都有一个安全的心理距离和社交距离,但很多时候,有些人对别人的边界进行了侵犯而不自知,或是自知而不自制,导致很多矛盾发生。

这一节,主要聊一聊在公共场所中哪些行为会对他人边界造成侵犯,希望我们的孩子以此为鉴,从小培养在公共场所的边界意识,守好公德,共同维护社会秩序。

晚晚去电影院看电影,他身后坐着一对母女,电影刚开始没多久,晚晚身后的小女孩就频繁踢她的椅背,观影体验被持续打断,晚晚终于忍不住回头小声提醒女孩不要再踢了。消停了一会儿,小女孩又接着踢起来,让晚晚更为气愤的是,小女孩的妈妈从始至终没有因为这件事提醒过女孩一次。

还有一个案例。

有一次,我和先生乘坐高铁去外地旅游,在同节车厢中,有

其他边界——这些边界也不可忽视　第六章

两个孩子不停地在车厢中乱跑，还旁若无人地喧嚣吵闹，而这对孩子的监护人坐在座位上若无其事地玩着手机。这一喧嚣盛况，引来了乘客们的纷纷侧目，有乘客找来乘务员进行调解，乘务员劝孩子们不要大声喧哗，并把他们领回到座位。不一会儿，两个孩子又开始大声喧闹，乘客们频频皱眉，被吵得不得安宁。乘务员在车厢屏幕打出了"请家长约束好自己的孩子，保持车内安静"的字样，两个孩子的家长依然无动于衷，放纵孩子们的"扰民"行为。

类似这样在公共场所侵犯公众边界的行为有很多。比如：

有人在坐地铁的时候吃热干面，同一节车厢里有的乘客对于封闭空间内的异味产生不适感，捂着口鼻；

有人在咖啡厅等公共场所吸烟，其他食客被呛得连连咳嗽，被动吸着二手烟；

有人在坐公交车的时候，一个人占两个人的座位，别人想坐又不敢坐，只得站着。

有些人是无意中触碰了别人的边界，属于无心之过，提醒后就会注意。而有些人压根没把别人的边界和感受当回事，缺乏同理心，过于自我，唯我独尊。要想在公共场所内保持好边界感，需要从小对孩子进行教育，培养同理心，养成遵守公德的好习惯。

在公共餐厅、车厢内、教室里、走廊等不大声喧哗,不制造噪声。噪声不但会干扰他人休息,打断正常的工作、学习和生活,还会让人心绪不宁。

不在车厢、教室、影院等封闭空间内吃气味重的食物,不吸烟。在封闭空间内吃气味重的食物,味道不容易散去,会引起别人的不适,严重的可能会导致他人呕吐。

这些不当行为都可能会引起他人不适,侵犯他人边界。

希望我们的孩子从小养成在公共场所尊重公共边界的习惯,人人拥有一颗公德心,不做破坏公共秩序和公共环境的一分子,而做维护公共和谐氛围的好公民。